北極海
OCÈAN ATLANTIQUE
ノルウエー
NORVÈGE
スエーデン
SUÈDE
北海
MER DU NORD
デンマーク
DANEMARK
バルト海
BALTIQUE

舘野 泉
TATENO Izumi

「貨物列車」のピアニスト

森と湖の国から

ハンナ

まえがき

この本は、1985年1月より月刊誌「ショパン」に連載を続けている「フィンランド便り」の、最初の13ヵ月分を1冊にまとめたものである。連載を始めるにあたって「ショパン」編集部の注文は、最近日本でも広いファン層を得ているフィンランドのピアノ音楽について、その背景となる北欧独特の風土感や生活、文化についても触れながら、18世紀から現代までのフィンランド・ピアノ音楽史を1年間12回で書いてほしい、というものだった。最初はその趣旨に沿って、いささか真面目な調子でスタートした「フィンランド便り」は、第7回を迎えて突然変貌し、あくまでも音楽に中心を置きながらも、「北欧に住む日本人ピアニストのエッセイ」という形をとりはじめる。その変貌ぶりは、長く暗い冬の後で、ある日突然春がきて新緑と花の海となり、きびすを接して夏がやってくる、まさに北欧的な季節の変容と、無意識のうちにみごとに呼応したものだった。

今回1冊の本にするにあたり、前半の6章をエッセイとして書きなおして、全体のスタイルを統一することも考えたが、内容としてはフィンランド・ピアノ音楽史という側面は持続させているので、そのままでもよいと判断した。単行本として読みやすくするために、多少の整理修正はした。

本の題になった「貨物列車」は、中部フィンランドにある私の別荘の愛称である。本書に掲載した写真では湖に面したきれいな方しか見えないが、裏側の丘からみると、確かに煙突のついた機関車が貨物をひっぱってあえいでいるような不格好さであり、村人たちは私のことを「貨物列車のピアニストさん」とよんでいるようだ。

私の素人写真ではあるが、カラー写真をたくさん使わせていただけたことは、北欧独特の光と影、透明な大気と色彩を見ていただける点で、望外の喜びであった。子どものころからそのような「北」に憧れて、とうとう北欧に22年も住みついてしまったのだから、私の心の原点がそこにあるのかもしれない。2人の子供たち（長男ヤンネ75年生まれ、長女サトゥ76年生まれ）が2歳から8歳位までに描いた絵をカットに使っていただけたのも嬉しかった。初めての本作りで、自分だけが楽しみすぎたのでなければよいが……

1冊の本にするにあたり、エッセイストの竹内希衣子さんにたいへんお世話になった。心からお礼を申しあげたい。本の制作スタッフの皆様との、熱のこもった討論の時も「産みの楽しさ」として忘れがたい。

なおシベリウスについては、ランピラ著、稲垣美晴訳の「シベリウスの生涯」(筑摩書房刊）から、多々引用させていただいた。

１９８６年９月25日　ヘルシンキにて　館野　泉

● 目次

装丁・レイアウト——光本順一

冬

WINTER
1984.11→1985.2

人も熊も蛙も、みんなが眠たい暗闇の季節

クリスマスの目抜き通り（ヘルシンキ）

冬のヘルシンキ港。大きな船は砕氷船（12月7日）

ヘルシンキの港市場のコーヒー天幕。外は－20度でも中は＋20度

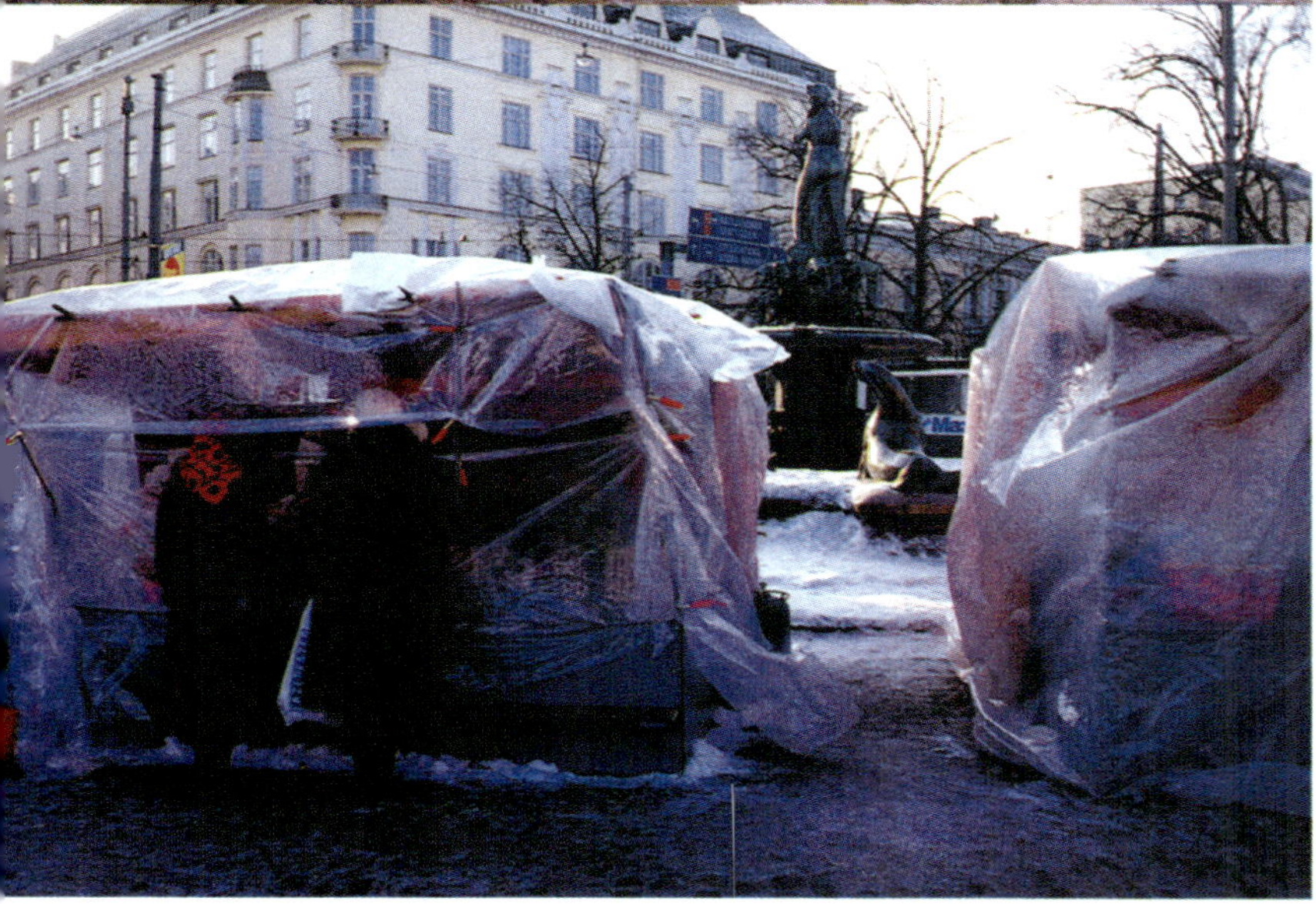

ヘルシンキ港の市場、花売りの屋台

冬景色の太陽も凍りそう

冬景色

パパよりじょうずだと思わない？

ピアノなんか「いーっ」だ

冬の日の外出はたくさん着こんで
（マリアとヤンネ、1976）

雪景色の中のマリア

第1章　日本と似ている国フィンランド

ヤンネ　'83年12月3日

9月下旬から11月上旬までの約50日にわたる日本での演奏旅行を終えて、11月11日にヘルシンキに帰ってきた。フィンランドを出るころにはすばらしい紅葉黄葉で北フィンランドの森や丘は輝くばかりであったが、日本を出るときも紅葉の真っ盛りで実に美しかった。今年は初秋から晩秋までを2回繰り返して経験したことになる。

11月とはいっても明るく暖かい陽光のふりそそぐ日本から帰ってみると、フィンランドは暗くて寒い。日照時間が短くて、この国ではいちばん南の方にあるヘルシンキでさえ、うっすらと夜のあけるのが9時で、午後4時にはもう夜だ。太陽が低いところからさしているから、街の上の方だけは明るいけど街の中は暗く、着ぶくれして奇妙に口数の少なくなった、そして影のない人たちが歩いている。もう20年もこの国で生活しているけれど、影のない、というより、影だけでできていて物象の境界の明確でない、なんとなく存在感の薄いこの風景は、やはり非現実的で異様である。影が薄いのである。ムンクや、この国の有名な画家ヴィオノヤの絵によく見られる風景だ。

これからクリスマスまではどんどん日が短くなっていき、夜のトンネルを歩いているようなものだ。北の方では1カ月以上も、太陽が地平線の上に顔を出さない。北欧の冬は長くきびしい寒さよりも、その暗さが耐えがたい。暗い冬の日々に人びとはよくろうそくをともす。赤や黄や青や紫などさまざまな色のろうそくに火がともると、夜の闇に花が咲いたようで、煌々とした燈よりも人の心を慰め、寄り添わせるようだ。

今これを書いている窓の外を粉雪が舞っている。パルムグレン作曲の絶品である「粉雪」という小品が想い出される。降る粉雪のようにつつましく飾り気なく、ふと日本の歌かしらと錯覚するような単純な旋律に、悲しみと明るさの不思議にないまざり、その背後に何かしら高貴な天地の静寂といったような深さの感じられる不思議な曲。淡々としたこの曲を弾いていると胸が痛くて、私は時々とてもつらくなる。

パルムグレンは自身名ピアニストであったので自然にピアノ曲が多く、そのようなことから「北欧のショパン」ともよばれているが、私はこのよび方はあまり好きではない。パルムグレンはパルムグレン、だと思う。2人の間にはピアノが上手であったこと、生来の精神的貴族とでもいうべき洗練された精神の持主であったという以外、あまり共通点は考えられないからだ。

パルムグレンのピアノ曲には「河」「5月の夜」「海」「月の光」「曙」そのほか、自然と結びついた作品が多いが、これはまたフィンランドのピアノ音楽に見られるきわだった特徴でもある。世界のピアノ音楽のどこを見ても、北欧のほかの国々、たとえばスエーデンやノルウエーでさえ、これほど自然と共にいきているピアノ曲を豊富に持っている国はない。その意味でたとえば「フィンランド叙情詩」とでも言うべきピアノ音楽の一分野を考えてもよいくらいである。

パルムグレンの「粉雪」をフィンランドでアンコールに弾くと、時々「あれは日本の曲ですか」と聞かれる。その逆に、たとえば尾高尚忠のチェロとピアノのための「夜想曲」を弾くと、メラルティンかクーラの曲ですか、と聞かれたりする。日本人とフィンランド人の間には、何か共通した考え方、感じ方、自然への接し方があるのではなかろうか。フインランドのピアノ曲が日本でまったく抵抗なしにすなおに人びとの心に届くのを長年見てきて、我々の間には不思議なつながりがあるのではないかと思ったりもする。またフィンランドのピアノ曲に、日本の短歌や俳句の世界を連想させられることもしばしばある。

フィンランド人はウラル語系、フィン・ウグル語族に属し、ウラル山脈の西側、ヴォルガ河の流域から数千年の昔に移動してきた民族である。スラヴともスカンジナヴィアとも違う民族で、言語もまったく異なる。フィン・ウグル語族はフィンランド、ハンガリー、エストニア、そのほかロシア各地に100万人位ずつ散らばっている7、8の少数民族等全部をあわせると、現在約2700万人を数えるそうだ。ウラル・アルタイ語とまとめて称されることが多いので、フィン族と蒙古、トルコ、ひいては日本民族が繋がりがあるように思われがちだが、フィン族とアルタイ語系とは別に考えるべきだ、とある言語学者が言っていた。

フィン語とエストニア語の違いは方言程度といってもよいくらいで、たとえばスエーデン語とノルウェー、デンマーク語間の相違と似たりよったりであろう。ヘルシンキから船で4時間のエストニアの首都タリンからのテレビやラジオは、私にもかなり理解できる。ところが同じ兄弟民族でもハンガリーとフィンランドとなると、言葉は表面上の共通点が

港の市場で。花屋。－20度の戸外で花を売るのは大変です

何もないからまったく分からない。外見的にもハンガリー人は目も髪もより黒く、また一般にそれほど大柄ではないが、フィン人には金髪碧眼が多く、色白大柄でスカンジナヴィア人に近い。性格もハンガリー人は火がつきやすく、燃えあがるのが速いが、フィン人はがいして控えめで内気で辛抱強く、容易には自己主張を表面に出さない。シベリウスやほかのフィンランドの作曲家の交響曲を見てみると、クライマックスが今にも来そうでなかなか来ず、非常に後の方になってやっとクライマックスに到達することが多い。イタリア人やフランス人などは、もう焦がれじれしてしびれをきらしてしまうのである。シベリウスの音楽は北欧、イギリスは別として、ヨーロッパの中では意外と理解されにくく、日本やアメリカでむしろ好まれているように思う。１９８２年に創立１００年を記念して日本で18公演を行ったヘルシンキ・フィルの楽員や、これまでに来日したフィンランドの音楽家たちが口を揃えて、日本人ほどシベリウスを理解する民族はいないのではないか、と言う。

私の知っているフィンランド人、ハンガリー人の中には、日本人との遠い血の繋がりを感じている人たちが決してまれではないが、フィンランド人が日本に特に親しみを持っているのは、言葉の上の親近感も影響していると思われる。フィン語の響は母音が多いので日本語とよく似ているし、日本人にはたいへん発音しやすい。前置詞がなく、たとえば東京に、東京へ、東京から、東京のという言い方をすることも、日本人には取りつきやすい点であろう。姓ではタカラとかハカラ、名前ではユキとかアキ、エリナ、アイノなど何となく日本的ではないか。

「ヨコハマ　フマウタ」と言うと「殴ってやるか」の意である。「フマウタ　トキヨ」と答える。「殴るなら殴ってみろ」である。まるで「横浜船歌」と「船歌東京」だ。父はイセ、母はアイティで伊勢と愛知のごとし。「ユオッポラッティ」という言葉もある。日本人の耳にはヨッパラッテと聞えるが、酔っぱらい運転のことである。少し品が落ちて「カッカ」。日本なら「大統領閣下」とか「大臣閣下」だろうが、フィン語ではうんちのことである。もっとも選挙の公約だけはりっぱだが、実際は汚職ばかりしている大臣などは「糞大臣閣下」でもよいわけである。

戦後の駐日フィンランド大使にアホカスという方がおられた。非常にりっぱな人物であられたことはもちろんだが、つい「阿呆滓閣下」などと、言葉の連想は走ってしまう。

ヘルシンキ・フィルの楽員たちが東京の寿司屋（スシはフィン語で狼のことである）のカウンターで「エイヨートッタ」「トッタカイ」としきりに口角泡をとばして口論してい

た。「栄養取った」「取ったかい」ではなく、「まさか本当じゃないだろう」「もちろんさ」の意味である。こんな例は数限りなくあるが、話をもとにもどそう。

フィンランドはその歴史の茫とした当初から中世の長きにわたって、1808年まで当時のヨーロッパの大国であったスエーデンの属領であった。

このような事情から、1900年代の初頭までは、フィンランドの知識階級は母国語としてスエーデン語を話していたのであり、現在ではスエーデン語は主として沿岸地方で話される少数派の地位ながら、2カ国語文化の伝統は強く生きているのである。テレビにはスエーデン語の番組もかなり多く、ラジオにはスエーデン語独自のチャンネルがある。スエーデン系の学校が多いのはもちろん、スエーデン劇場もあるし、スエーデン語で書く作家たち（たとえばムーミンで有名なトーベ・ヤンソン）も多い。作曲家ではシベリウスやパルムグレン、ベルイマン、エングルンド、ノルドグレン等がスエーデン系である。スエーデン系の人たちが独自の生活や文化の伝統を持って、フィン語系とは異なった性格を持っていることも、演劇や文学、音楽などを通じてうかがえる。一般的に言えることは、スエーデン系の方に文化的伝統が長く、都市文化とか社会性が血肉にしみこんでおり、神経が繊細で鋭い。フィン語系の方は総じてゆったりと自然でのびやかだ。息が長く、ぴりぴ

厳寒の中で開いているお店（上）公園の水鳥（下）

りしていない。

フィンランドではフィン語とスエーデン語が公用語として併用されていて、たとえば大統領の演説では同じことが両国語で話されるし、公文書もしかり。音楽会のプログラムの曲目解説や演奏者紹介も2カ国語で書かれるので、倍の厚さになるわけである。スエーデン語は非常に知的で明快で切れのよい言葉であるのに対し、フィン語はほの暗く情緒的である。シベリウスの音楽の中にも2カ国語文化の特性が容易に見いだせるだろう。

独自の文化を築いた自覚と誇り

1808年から1917年の独立に至るまでフィンランドは帝政ロシアの一部であった。1800年代の終わりころから、フィンランド人は民族の自覚にめざめはじめる。「我らはスエーデン人にあらず。ロシア人にもなりたくない。我らをしてフィンランド人たらしめよ」というのが独立運動の合言葉であった。

この運動の重要な発火源となったのが、エリアス・リョンロートゥがフィンランドの民族詩（口承伝説）にもとづいて編さんした民族叙事詩の「カレワラ」の出現で、1835

年から1849年にかけてさまざまな版で出版された。「カレワラ」は評者によっては世界三大叙事詩のひとつにあげるほど格調の高いもので、北欧伝説のサガやエッダとはまったく異なるものである。

この中の最大の英雄のヴァイナモイネンはカンテレという琴に似た楽器をよく弾き、彼の音楽に天も地も、樹も鳥も動物たちも息をひそめて聞き入ったという。

カレワラを基としてフィンランドでは「カレワラ・ロマン主義」という独自な芸術的潮流が生まれるが、その重要な代表者は作曲でジャン・シベリウス、絵画ではアクセル・ガッレン=カッレラであった。シベリウスのオーケストラ曲では「トゥオネラの白鳥」「レンミンカイネンの4つの伝説」「クッレルヴォ交響曲」などが、ピアノ曲では組曲「キュッリッキ」がカレワラに題材を求めたものである。

カレワラの出現と同じころに生まれたアレクシス・キヴィは、初めてフィンランド語による文学を確立し、現在はフィンランド文学の父と仰がれるが、生前は理解されず貧窮のうちに若くして死んだ。しかしこのころからフィンランド人は、自分たちが優れた民族遺産である叙事詩を持ち、優れた独自の文化を築きあげられる自覚と誇りとにめざめるのである。

音楽家ではシベリウスの存在がその誇りの大きなささえとなり、また彼の交響詩「フィンランディア」は帝政ロシアに対する独立運動の象徴にさえなったのだ。このように文化・芸術が民族の自覚、独立の大きな力となったことから、フィンランドでは芸術家を大事にする伝統が続いているのだと言われる。

音楽とあまり関係のないようなことを長々と述べてきたが、これから1年間フィンランドのピアノ音楽について連載を続けていくのには、まずその生まれてきた基盤を知っていただきたいと思ったからだ。

1年のうち半分近くを雪と氷におおわれる厳しい自然環境で、周囲をまったく違う言語を話す異民族に取り囲まれ、支配され、混血を続けながら自分たちの言葉を守りきって独立する。これは少数民族にとってそんなに簡単なことではなく、そこにフィンランド人の粘り強さと智恵とを見ることは容易であろう。一方で、長年の異民族支配から独立して、真に民族独自の文化を築きはじめてからの歴史が浅いため、民族の誇りと卑下心が微妙に屈折して共存していること、自己評価が過大と過少のどちらかに傾きやすく、バランスのとれた自己評価を持ちにくい体質があることも否めないだろう。

いずれにせよフィンランドには独自の魅力を持ったピアノ曲が豊富にあり、技術的にも比較的容易ながら飽きることのない名曲も数多く、演奏会だけでなく、自分で弾いて楽しむにもインティームなサロンやホーム・コンサートで弾くにも、また教材としてもすばらしいものがあるので、その魅力の秘密や背景をシベリウス、パルムグレン、メラルティン、カスキなどひとりひとりの作曲家ごとに、彼らの作品にそってさぐっていきたい。北欧の自然の魅力や北国の生活についても、できるだけ筆をのばそうと思っている。

――１９８４年11月23日　ヘルシンキにて

第2章　すべてのテンポが遅くなる冬

前章の原稿を書いていたときも窓の外を粉雪が舞っていたが、今日もまた雪である。強い風にまかれて、凍った路面を切りさくように白い線が駆けぬける。午前10時。今ようやく、うっすらと夜が明けたところだ。渋々と朝が来た、というよりも「日の出」をつかさどる巨人が寝床から引きはがされるように起きあがった、と、北欧神話では言うではないか。

11月11日に日本から帰って今日まで、すでに1カ月以上、1回も太陽と青空を見ていない。

北欧の冬ってロマンティックでしょうね、とよく聞かれるが、こう暗い日が続くと憂鬱

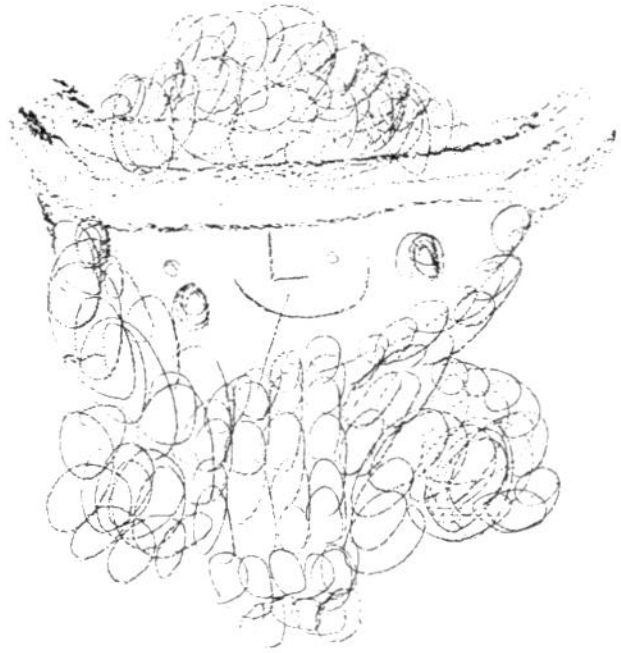

ヤンネ　'79年12月10日

クリスマスのショーウィンドウ

とか陰鬱なんて域は通りこして、陰惨という言葉がいちばんぴったりくる。叙事詩「カレワラ」の中のクッレルヴォの悲劇とか、トゥオネラの白鳥などの暗闇の世界が、ひたひたと追ってくるようだ。

暗い冬は眠くなるのは人間さまも熊も蛙もいっしょで、いくら眠っても寝たりない。数日前のこと、目をさましたら朝9時で、戸外は真暗。起きるのもうっとうしくて蒲団をかぶってまた寝てしまい、次に目をさましたら外はまだではなくてもう真暗。午後の3時だった。

ひとりでピアノを弾いているときには気がつかなかったが、先日、室内楽をやっていて、皆のテンポが遅くなりやすいことを発見した。アンダンテのつもりがアダージオに近くなって、とろとろと眠くなってくる。演奏会でハイドンのピアノ・トリオを弾いていて、第2楽章で椅子からころげおちそうになった。断っておくが、いくらなんでもこんなことは生まれて初めてである。1年間のハード・スケジュールの疲れもたまっていたのであろう。

北欧の冬は零下20度にも30度にもなるそうですが、冬でも音楽会はあるのですか、と聞く人がある。答えはイエス。

冬だから冬眠するわけではなく、闇と寒さに閉じこめられるわけでもなく、コンサート・ライフは東京やロンドンと同じように冬でも活発である。いや、暗い冬の日だからこそ、音楽の灯がなおさら必要なのではないか。もちろん零下25度にも30度にもなると、この寒さでは聴衆の集まりが悪いのではないか、という主催者の心配も皆無とは言えない。しかし氷点下の厳しい寒さのなかを黙々と音楽会場に集まってくる人びとを見るだけで、私はいつもある種の感動を禁じえない。その中で演奏される、たとえばヘルシンキ・フィルによるシベリウスの音楽などは、演奏技術の巧拙をこえて、ずっしりと胸に迫ってくるものがある。

かつての首都であった
トウルク市中世の城砦

冬のホーム・コンサートにも、北欧ならではの味わいがある。戸外の闇と白雪が静寂をいっそうひきたて、キャンドルの灯をより明るく、人びとの声をより暖かいものに感じさせる。暖炉《だんろ》に白樺の薪《まき》など燃えていれば最高だ。こういうときにはロマンティックな音楽もよいが、どろどろした人間の情念から離れた古典のさわやかさこそ、より好ましいものに感じられる。今回は1700年代の終わりから1800年代なかばまでの、フィンランドのピアノ曲を紹介してみよう。

限りなく美しい北欧の歌

フィンランドは1808年まで、当時ヨーロッパの大国であったスエーデンに属していたことは前章でも触れた。そのため宮廷音楽は発達せず、教会音楽もフィンランドではすでに紀元1000年ころに記譜法が存在していたにもかかわらず、中欧、南欧のそれにくらべて貧しいものであった。しかし注目すべき音楽遺産としては1582年に出版されたPiae cantiones（心清きものの歌集）があり、そのうちの約半数の歌は世界のどこにも類似のものが見つかっていない。清澄な北欧の大気を思わせる、限りなく美しいこれらの歌は、

シベリウス公園

優れた演奏でレコードにも収められているので、ぜひ一聴をすすめたい。（「Finlandia」レーベル。レコード番号　ＦＡ９０７）

音楽活動がめざましく活発になったのは、やっと１７００年代も終わりに近くなってからで、１７９０年に当時の首都トゥルクに音楽協会が設立されたことは、音楽文化の向上に大きく影響した。協会はオーケストラのコンサートも主催し（30人弱の小編成であったらしいが）、ウィーン古典派の作品も初演から2年ほどで演奏されることもしばしばあったという。フィンランドの最初のピアノ会社が１８１８年に、最初の男性合唱団が１８

１９年に創立された。

この時期のめぼしいピアノ曲の作曲者としてはトーマス・ビューストレーム（Thomas Bystrom）があげられる。彼はベートーヴェンより2年おそく、１７７２年にヘルシンキで生まれ、１８３９年にストックホルムで没した。

同時代のほかのフィンランドの作曲家たちと同様彼の生涯についてもあまり記録が残っていない。生活のための職が音楽家ではなく（ビューストレームの場合は砲兵隊士官などの軍職、およびロシア語通訳）、活動の本拠がむしろストックホルムやペテルスブルグ（現レニングラード）であったことも、この時代の音楽家には共通している。そのため彼らに関する資料はフィンランドにはとぼしく、スエーデン王立アカデミーにむしろ、より豊かに残されているという。

ビューストレームはウィーン古典楽派の伝統を受け継ぎながら、すでにロマン派に片足を踏みいれているのがおもしろい。

彼が29歳のときにドイツのBreitkopf社から自費出版された3曲の「ヴァイオリン助奏つきピアノ・ソナタ　作品1」では、2歳年長のベートーヴェンの当時の作品より、部分的にもっとロマンティックである。古典的で明快、均整のとれた造型よりも、感傷性、思いいれの濃いフェルマータ、転調の多様などが目立ってくる。ビューストレームは感情の強い、主情的な芸術家であったようだ。

彼の作品の出だしはベートーヴェン的に堂々としてジェスチャーが大きく、曲想は前進性があり活気に溢れている。(〈譜例1〉ソナタ第1番、第1楽章の冒頭)。ほのかな哀愁を漂わせる魅力的な楽想も多い(〈譜例2〉前述ソナタ第2楽章)。

この3曲のソナタは現代ではヴァイオリン・リサイタルの曲目であろうが、ピアニストにも尽きざる楽興のときをあたえてくれる優れた作品であるので、日本でも是非とりあげていただきたいものだ。演奏時間はどれも15分ぐらいであり、第1番はフィンランディア・レーベル　FA　322で、新井淑子と舘野泉によるレコードが出ている。楽譜はヘルシンキのファッツェル(Fazer)社より出版されている。

ビューストレームのピアノ独奏曲では「ロシアの旋律による変奏曲」と「ポロネーズ」が、なかなか良い作品である(楽譜はFazer社出版)。

前者は演奏時間14分で、哀感をおびた旋律〈譜例3〉に12の変奏とカデンツがつく。半音進行が多く、暗い感傷性を際だたせているが、デリケートな第3変奏〈譜例4〉、ピアニスティックな第4変奏〈譜例5〉ほか全体として変化と動きに富み、当時のサロン音楽の水準を越えた作品だと思う。

ビューストレームは少年時代をエストニアの首都タリンの学校で過ごし、15歳から19歳までをペテルスブルグ（現レニングラード）の貴族士官学校で学んだが、この時代に彼は音楽家としての修練も積んだようである。ハ長調の「ポロネーズ」は演奏時間5分ほどの活気ある小品であるが（〈譜例6〉冒頭）、イ短調の中間部〈譜例7〉とか、ハ長調から変イ長調への突然の転調〈譜例8〉など、なかなか創意に富んだ作品である。

ビューストレームと同時代のピアノ曲作家としては、カール・ルードヴィッヒ・リタンデル（Carl Rudvig Lithander 1773～1843）と、その弟のフレデリック（Fredrik 1777～1823）があげられる。

彼らの父親は当時スエーデンの力が及んでいたエストニアで神父をしていたが、1788年から89年にかけて両親と長男が相次いで死ぬという不幸がおこり、後には10人の子どもが残された。そのうち10歳から17歳までの6人の子どもたちが、父親の故郷であるトゥルクを目指して旅立った。交通不便なその時代に、おそらく大八車のようなものを押しての徒歩旅行だったのだろうが、日常欠かせぬ衣類そのほかの荷物に加えて、父親が大事にしていた楽器（クラヴィア）までも運びながら、どうやってリトワニア、デンマーク、スエーデンを通ってトゥルクまでたどりついたかは謎である。子どもたちの旅がたいへんなものであったことは想像に難くないが、彼らのけなげさには感動をよぶものがあるだろう。

６人の子どもたちのうち最年長のカールのみストックホルムの伯父の家に残ることになり、生計は士官として軍職に得ながら、作曲家としてもピアニストとしても広く名声を博していく。

彼の作品のほとんどはドイツ、イギリス、スエーデンで出版された。代表作として２曲のピアノ・ソナタがあり、「ハ長調ソナタ」は演奏時間約22分の４楽章からなる曲でハイドンやモーツァルトを想起させる作風である。明るくてさわやかで、古典的なバランスのとれた精神を感じさせ、第４楽章にはスエーデン民謡を使っている。クレメンティーに献呈され、ロンドンで出版された。

「へ短調ソナタ　作品15」はよりベートーヴェン的で情感濃く、ロマンティックな作品といわれる。

カールも活躍の本拠はスエーデンとドイツであった。彼の「ハ長調ソナタ」に弟のフレデリックの「ハイドン変奏曲」およびビューストレームの「ロシアの旋律による変奏曲」

の入ったレコードがフィンランディア・レーベルFA　336で出ている。演奏はフィンランドの中堅ピアニストのエーロ・ヘイノネンである。

カール以外の5人の兄弟はトゥルクに向かったが、ちょうどタイミングよく、1790年のトゥルク音楽協会創立の年に到着し、すぐさま活発な活動を展開した。

トーマス・ビューストレーム

その中でもっとも成功したのがフレデリックであるが、彼は1808年以後ペテルスブルグに移り、彼地で作曲家として評価されながら（作品のいくつかはペテルスブルグで出版された）、46歳でロシアの地で没した。この時代のフィンランドは優れた才能をたくさん生みだしながら、それを育てるまでには民族の文化や政治経済上の諸条件が整っていなかったことが、これまでの記述からでもうかがえるのではないかと思う。

フレデリックのピアノ曲としては「Sonate facile　ハ長調」、「ハイドンの主題による変奏曲」、連弾のための「ロマンスと変奏曲」などが好作品としてあげられる。（楽譜はいずれもFazer社)。

当時のサロン音楽の好みを反映して、特に個性的でも、ビューストレームのような強い情感もないけれど、優雅で明るく温かく、そして押しつけがましいところがなくてすなおに流れていく彼の音楽は、気持ちをとてもなごやかにしてくれる。ソナタと連弾曲にポロネーズの部分が組み込まれているが、これは当時の社交界でポロネーズが流行していたからではないか。フレデリックの流暢なピアノ書法の一例として「ハイドン変奏曲」の第３変奏〈譜例９〉をあげておく。

＊

１８０８年から9年にかけてのスエーデンとロシアの戦争の結果、フィンランドは帝政ロシアの属領に組み込まれる。

１８２７年にトゥルクの大火があり、大半以上は木造建築であったこの街はほぼ全焼してしまう。首都はヘルシンキに移り、トゥルクの「古典、汎ヨーロッパ」の時代は終わりをつげるのである。

——１９８４年12月19日　ヘルシンキにて

第3章　民族叙事詩「カレワラ」の集大成

今日も窓の外を雪が舞っている。一面の白雪のせいか、それに確かに日も長くなってきているのだろう、世界がずいぶんと明るくかろやかになったように感じる。クリスマスを境にして、花々が咲きだすまではまだ5カ月待たなくてはならないにしても、季節はゆっくりと確実に春の光に向かって歩んでいるのだ。フィンランドの北端部ではほぼ2カ月ぶりにだろう、今日初めて太陽が地平線の上に顔をのぞかせるという。

今年のお正月は5年ぶりに日本で迎えた。6回のリサイタルとLP2枚のレコーディングがあったが、実を言えば、今年78歳を迎える父の健康が気がかりで、父といっしょに正月を過ごせるよう、昨年11月の離日直前に急にきめた仕事だった。東京のコンサートの曲

ヤンネ　'83年12月20日

目には、父の大好きなグリンカ―バラキレフの「雲雀」をいれてあった。この曲は、父が私に弾いてほしいからと、私の16歳の誕生日に譜面を買ってくれたものだが、その繊細な曲想を歌いきるのが難しく思えて、これまで弾けないでいたのだった。しかしもう待ってもらう時間があまりないかもしれないという予感があった。

12月16日に、父がヘルシンキの家に訪ねてきた夢を見た。玄関のベルが鳴るのでドアをあけてみると、ステッキをついた父が立っており、「ここまで来るのはずいぶん遠かったから、疲れたよ」と言って、よろよろと倒れかけたのだった。それが夢とは思えぬほど妙になまなましくて気にかかり、18日に実家に電話をしてみると、今から5分ほど前に父が倒れて救急車の手配をしているところだと、母のあわただしい声が返ってきた。脳溢血だった。帰国の予定日を一週間くりあげ、息子のヤンネ（9歳）をつれてすぐ帰った。予感があったとはいっても、まさかこんなに早く来るとは思ってもいなかった。せめてあと一週間待っていてくれたら、孫との再会を大喜びしてもらえたのに。これが最期かと思うときもあったが、今は緩やかながらも回復に向かいつつあるのは、多くの人を愛し愛された父の生命が、まだこの世にしっかりとつながっている証《あかし》であろう。

生きることへの静かな苦しい戦いを続ける父のかたわらで、看病する母の姿が静かに内側から光りだすのを、すなおな優しさと美しさが虹の輪のように広がっていくのを、私は奇跡に触れるような思いで見ていたが、それは奇跡でも何でもなく、今までの私に見えなかっただけのことであった。

ふと、一枚一枚自分の羽根をとっては機《はた》を織るという、鶴の恩返しの話を思った。生きるというのは、そういうことであったのか。これまでに父に守られてきた母は、71歳を迎える今、父の看病をしながらピアノのレッスンもして生計を背負っていかねばならないが、それを苦にするでも気おうでもなく淡々としている姿に、つつましく生きてきた2人の年寄のこれからが無事であることを祈るのみであった。

雪原を茜色《あかねいろ》に染めて、一時間以上もかかりながらゆっくりと消えていく北欧の冬の夕焼け。それに見入りながら、遠くのかなたに、そこには見えないはずの2羽の鶴を私は想っていた。胸が痛かった。

凍りつく寒波が詩の詞《ことば》を教えてくれた

フィンランドが1808年まではスエーデン、それ以後1917年の独立までは帝政ロシアの支配下におかれていたこと、1827年に旧都トゥルクが大火でほぼ全焼し、首都がヘルシンキに移されたことについてはすでに書いた。

トゥルク時代の終わりは、古典主義の終わりでもあった。音楽活動の中心も新首都ヘルシンキに移ったが、その内容は現今のスケールでみれば非常に貧しいものだった。オペラは外国からの巡業一座の公演だけだったし、オーケストラは、ドイツから移住して、現在ではフィンランド国家の作曲者として知られるフレドリック・パシウスが1850年代に創設した小さなものがあるだけだった。リタンデルやビューストレームなどですでに古典からロマン派への移行を予感していた作曲界も沈黙してしまう。

19世紀初めになってやっと、近代フィンランド文学の祖といわれるルーネベルイ（1804~77）やトペリウス（1818~98）が出現したけど、彼らはいずれもスエーデンで教育を受け、スエーデン語で詩や小説を書いている。トペリウスは奥カレリアから来た行商人の民族歌謡を聞いて、これを書きとめ、「フィンランド民族の古代民族詩と現代歌謡」と題して1822年に出版した。これを読んで感激したのが、民族学に興味を持っていた若い大学生のエリアス・リョンロートゥで、彼は民族詩採集のためみずから志願して、北部のへんぴな地方カヤーニに歯科医として赴任した。5回にわたる調査・採集旅行で大

シベリウス24歳（1889年）ベルリンにて

20世紀初頭。シベリウスとは同時代の画家アクセル・ガツレン=カツレラ

ヘルシンキのヴェゲリウス音楽院のヴァイオリンのクラスでまん中が先生。シベリウスは左から３人目

弟と室内音楽（1889年）ピーサにて

量の民族詩を書きとめ、特に5回目の旅ではアルヒッパー・ペルトネンという大吟遊詩人にめぐりあい、3日間歌いつづけてもらって60種、4050桁を書きとめた。これを「カレワラ・フィンランド民族太古よりの古代カレリア民族詩」と題した。それが1835年2月28日で、現在では「カレワラの日」と定められている。フィン語を初めて高雅な文学語として高めたのが、このリョンロートゥ博士の仕事である。これまでスエーデン語を母国語として話していた知識階級の中にもフィン語に対する評価がたかまり、フィン語による教育を確立しようとする動きが出てくる。民族叙事詩「カレワラ」の集大成が民族の自覚と独立運動の重要な発火源となり、「カレワラ・ロマン主義」とよばれる独自な芸術的潮流を生みだしたことは、前にも書いた。

「カレワラ」は叙事詩とよばれても、王侯貴族の間の戦いを扱うのでなく、庶民的な英雄としての詩人や鍛冶屋や農民の活躍する世界で、呪術や魔法が大きな役割をしている。その中心をなすのは、求愛と戦いと死の問題と言えるかもしれないが、奔放で奇怪で無邪気な、原始的な強さと優しさを持ち、北国の森と湖、闇と白雪の香を強烈に漂わせている。その序詞の一部を書いてみよう。

〔兄弟たちよ　ともに育った同胞《はらから》よ／わたしの手を　かたく握り／わたしの指に　あなた

の指を／からませよう。／さあ　わが一族の古い歌を／ともに歌おう。／（中略）わたしの父は斧の柄を刻みながら／これらの詩を歌っていた。／わたしの詩は、どの詩も／父から　聞きおぼえた詩ばかり。／わたしの母は　糸車をまわしながら／これらの詩を歌っていた。／わたしは幼いころ／床にころがり／これらの詩を母から聞き／大きく育った。／わたしは牧童になり／蜜のあふれる牧場へ出た。／そこでもわたしは／紫の花のヒースの語る／これらの詩をおぼえていった。／風が　わたしに歌の調べを／はこんでくれた。／凍りつく寒波が　詩の詞《ことば》をつたえてくれた。／わたしに教えてくれたのは／小鳥たちや樹々だった。（後略）（坂井玲子著「カレワラ　タリナ」第三文明社刊より引用。）」

　1835年に「カレワラ」の最初の版が出た少し後に、現代のフィンランド音楽界の基礎を築いた三人の音楽家が誕生した。マルティン・ヴェゲリウス（1846〜1906）ロベルト・カヤーヌス（1856〜1933）カール・フロディン（1858〜1925）である。

　3人ともワグネリアンであり、ライプチッヒでドイツ音楽の多面的な教育を受けた。それぞれ作品も残しているが、ヴェゲリウスは教育者、シベリウスの師として、そしてヴェゲリウス音楽院（現在のシベリウス・アカデミー）の創立者として、フロディンは優れた音楽美学者、鋭利な評論家としての功績を大きく評価されている。

　カヤーヌスにはカレワラ刊行50年記念に初演された交響詩「アイノ」やフィンランド狂詩曲、シンフォニエッタなどのオーケストラ作品があり、シベリウスの先駆をなすものであるが、彼も作曲家としてよりも、国際的に活躍した指揮者として多くのシベリウス作品の初演者として、そして何よりも現在のヘルシンキ・フィルの前身となった職業オーケストラを創立し、その常任として実に半世紀の長期にわたって育成と発展にあたったことで、フィンランド楽界に消えることない名を残している。

　前述の3人の活動がヘルシンキの音楽水準を国際的な高さに引き上げたが、特に1882年はヴェゲリウス音楽院、ヘルシンキ・オーケストラ協会の双方が設立されたことで、歴史的な年となった。1982年にヘルシンキ・フィルが創立100年を記念して日本各地で18回の公演を持ち、シベリウスの交響曲全曲の演奏で多大な感動を残したことは、まだ記憶に新しいと思う。

　ちなみに1985年はカレワラの150年祭にあたり、それを記念してフィンランド政府は世界の各地で行事を開催するが、私もフィンランド文部省の派遣で10月に東京、11月に札幌と旭川で「カレワラ・ロマン主義とフィンランド音楽」という講演と演奏を行うことになっている。

天才シベリウス登場の予感

ピアノ曲の分野は残念ながらリタンデル兄弟とビュューストレーム以後、シベリウス出現までの間、ほとんど不毛といってもよいほどなのはどこに原因があるのだろう。おそらくフィンランドにはクラシシズムを発展させる充分な土壌がなかったところに、トゥルクの大火、ヘルシンキへの遷都などで経済文化活動の基盤が一時消え、再出発を余儀なくされたことや、ロマン主義に移行するには民族的な原点の確認がまだ未熟であったことなどに原因が求められるであろう。

カヤーヌスに「6つの小品作品1」と「4つの叙情的小品作品2」があるが、特にフィンランド的でもなく、メンデルスゾーンやグリーグに近い。没個性的で弱々しく不器用である。ほかに『小さなワルツ』という小品があるが、微妙に錯綜した調性の揺れが、甘美でメランコリックな旋律にほろ苦さを加えて、おとなの味になっている。〈譜例10〉

フロディンは叙情的なピアノ曲に本領を発揮した人で、彼のSuite mignonneをフィンランド・ピアノ曲の最上の部類にあげる評者もいる。その書法は精気があり、新鮮な活力と優しさを兼ね備えている。この組曲の第2曲の中間部では、グリーグを想わせる北欧的な叙情〈譜例11〉、第3曲ではショパン風の甘美な歌〈譜例12〉が聞かれる。終曲の第5曲ではワルトシュタイン・ソナタ的なきびきびした楽想が、極度に簡略化されたソナタ形式風に展開される〈譜例13〉。フロディンのピアノ曲では「4つの牧歌」もなかなかよい。第2曲の「パストラル」では飾り気のないつつましい歌〈譜例14〉、第3曲「子守歌」では、フィンランド風の優しい旋律が心をなごませる〈譜例15〉。しかし巧みなピアノ書法にもかかわらず、フロディンの音楽はカヤーヌスのものと同様、独自の訴求力に欠け、シューマン、ショパン、グリーグ等の影響を突き抜けて自己を発見するまでには至っていない。

真にフィンランド的であり独創的な音楽の出現を、私たちはシベリウスの登場まで待たなければならない。しかしシベリウスという天才も何もないところから出てきたわけではなく、歴史は彼を迎える準備を着々と調えていたのである。民族の文化がまだ芽生えたばかりの、人口の少ない僻遠の地フィンランド大公国は、国の文化の存在権を確立するために、偉大な芸術家を必要としていた。民族的自覚にめざめ、民族独自のアイデンティティーや独立への希望を認識する助けとなるような、力強い芸術的シンボルを国民は待ち望んでいたのである。カヤーヌスのオーケストラはシベリウスの創作活動の初期から作品発表の場を提供してくれ、カヤーヌス自身シベリウスの作品の多くを初演し、広く国外にも紹介した。ヴェゲリウス音楽院はシベリウス作品の演奏者、紹介者のみならず、よき聴衆も育成してくれた。ヨーロッパのほかの地域ではロマン主義の築いた豊かな実りのうえにグリーグ、ドボルザーク、チャイコフスキーなどに代表される民族ロマン主義の大きな波のうねりがあった。シベリウスはそのような時期に「カレワラ」という巨大な剣をあたえられて登場したのだ。

シベリウスは１８６５年に、ヘルシンキの北１００キロ程の小都市ハメーンリンナに生まれた。ハメーンリンナは中世からトゥルクとの交通の要路であり、中世の古城も残っている小さいながら文化的にも活発な都市だったに違いない。

１８６５年という年は奇しくもフィンランド最大の画家アクセル・ガッレン＝カッレラも生み出している。大建築家のエリエル・サーリネンも同じころの生まれであり、フィン民族のエネルギーが怒濤のような勢いで盛り上がるのをまざまざと見る思いがする。さらに１８６５年にはデンマークのニールセン、１８６３年にはノルウェーの画家ムンクが誕生していることを考えると、北欧各地に巨人たちが輩出した時代であったと言えよう。

シベリウスはヴァイオリニストになることを夢見て、少年時代には森の中をさすらいながらヴァイオリンを弾くのを楽しんだと言われる。また姉弟と組んでピアノ・トリオもよくした。この楽器に練達であったろうことは、彼の傑作であるヴァイオリン協奏曲からもうかがいしることができる。

シベリウスは何といっても交響曲や交響詩のようなオーケストラ作品に本領を発揮した作曲家であり、ピアノ曲の分野では特に新しい領域に踏みいった人ではなかった。彼のピアノ曲は音が鳴りだして、手が自然に動いていって快く音楽が響きだすといったようなものではなく、つまりピアノになじんだ手でピアニスティックに書かれたものではなくて、譜面づらは簡単で、技術的にもそれほど難しくないのに、その魅力をひきだすのは容易ではない。ある意味ではピアニスト泣かせの曲ばかりだから、彼があまりピアノが上手だったとは思えないのだが、それにもかかわらずピアノは生涯を通じてつねに彼の傍らにあり、はかりしれないほどの時間を彼はピアノに向かって過ごしたのだった。

家族のものも寝静まった冬の夜、黒々と不気味な樅の森をどよめかせて吹き抜ける北風にひとり耳を澄ませながら、ピアノの音を通して死のかなたの世界に聴きいる彼、あるいは新緑の初々しい白樺にそそぐ日の光の美しい透明な感触をピアノの響きでたちのぼらせようとする彼、初夏の香りをつたえて窓ごしにピアノのキーにまで沁みいりそうなピヒラヤの花の香りを消さないよう、ピアノにそっと触れる彼。巨人の心の中にあった繊細な優しさ、美しさ、予感の数々に、私たちは１００曲をこす彼のピアノ曲を通じて、交響作品からよりも、もっとすなおに飾らない形で触れることができる。

なお今回譜例にとりあげたカヤーヌスやフロディンの楽譜は、シベリウス・アカデミーの図書館のような所にあるだけで、残念ながら市販されていない。レコードもない。

――１９８５年1月17日　ヘルシンキにて

第4章　七夕を思いおこすシベリウスのピアノ曲

サトゥ　'84年4月初旬

今日もまた雪だ。ヘルシンキではこのところずっと零下20度の日が続いている。中部フィンランドでは氷点下37度、北部では47度だというから、例年よりかなり厳しい寒さだ。数日前、冷蔵庫がいっぱいなので、ビールを冷やそうと二重窓の間に入れておいたら、凍って割れてしまった。

海も凍っているから、たとえばヘルシンキの港からフェリーで15分くらいのスオメンリンナという島までも歩いて行くことができる。海の上でスキーをしている人たちもいる。2月の中旬から下旬にかけて、各地方で多少時間のずれはあるが、学校は1週間のスキー休みに入る。

この季節のいやな仕事に税金の確定申告がある。フィンランドは福祉がしっかりしているかわりに税金は高く、演奏会のギャラなどは源泉で50%もとられるので、必要経費をいかに認めてもらうかで苦心する。14年間も同じピアノを使って、激しい使用でさすがにガタが来たので新しいのに買いかえ、これは当然必要経費で認めてもらえると思ったら、だめなのだという。その楽器を使って生徒を教えるのなら認めるけど、あなたは自分のピアノで演奏会をするわけではないからだめです、職業に必要な機材として認知するわけにはいきません、といわれ、ピアニストがひとつの演奏会をするためにどれだけ勉強をしなければならないか、そのために自宅にピアノが必要なのだと説明したけど、分ってもらえなかった。

フィンランドでは夏の音楽祭は数えきれないほどあるが、最近は冬の音楽祭も多くなってきた。2月初旬にカウスティネンとエスポーで、それぞれ1週間の室内音楽祭があり、中旬にはヨエンスーとオウルでやはり各1週間の音楽祭がある。中心になるのは室内オーケストラや弦楽四重奏、ピアノ・トリオなどである。

カレワラ150年祭にちなむ演奏会も多い。1週間ほど前には国立放送交響楽団が目下話題の指揮者エサ・ペッカ・サロネンとバリトンのトム・クラウゼを迎えて、シベリウスの「ポポヨラの娘」、キルピネンの「カンテレタル」、クラミの「カレワラ組曲」を演奏した。いずれもカレワラ・ロマン主義の代表的な作品である。

今回はシベリウスの初期のピアノ曲について書いてみよう。民族的ロマン主義、あるいはカレワラ・ロマン主義の色彩濃いもので、年代的には1892年から1905年、シベリウスが27歳から40歳のころまでの作品だ。

前に述べたカヤーヌス作曲のカレワラによる交響詩「アイノ」が、作曲者自身の指揮でベルリン・フィルにより演奏されるのを、シベリウスはベルリンで聴いた。カヤーヌスの作品はリストの交響詩やワーグナーの影響の中に浸っていて、民族的な個性は見られないが、シベリウスにとっては大きな刺激だったようだ。「カレワラがいかに驚くほど豊かに音楽に形象化できるものを含んでいるか、カヤーヌスの交響詩を聴いて私は目をひらかれた」とシベリウスは言っている。

1892年4月28日、カレワラの悲劇に題材を得た「クッレルヴォ交響曲」で、シベリウスは祖国での華々しいデビューを飾った。民族の自覚、独立の気運の高まっていた当時のフィンランドで、この作品のもたらした衝撃がいかに強烈なものであったかは容易に想像できる。カヤーヌスの作品にくらべそれははるかに個性的で巨大で、そしてフィンランド的であった。「クッレルヴォ交響曲」はその年のうちに3回も再演された。

シベリウスのピアノ曲の最初のものにあたる「6つの即興曲作品5」は、1890年ごろから書きはじめられ、「クッレルヴォ」初演の翌年（1893）に完成した。ピアノ書法としてはまだ未熟な点もあり、また6曲まとめて演奏されるべきものとは思えないが、「クッレルヴォ」と共通した雰囲気、フィンランド独特の香りもたたえていて捨てがたい味わいがある。特に第5曲はシベリウスのピアノ曲中、いやそれだけでなく古今のピアノ曲の中でもっとも美しいもののひとつであろう。

第1曲はわずか21小節で、フィンランドの語り歌風の低くほの暗い旋律が、ほかの5曲への前奏のような感じで歌われる。

第2曲はロシア民謡トレパックの変形であるカレリア地方の踊り「リパスカ」で、*mf*からppのおさえられたダイナミックの中で活気のあるリズムが展開される〈譜例23・24〉。ほの暗さと賑やかさの奇妙な混合が不思議な魅力をかもしだしている。

行進曲風の第3曲にも、どこか心をおさえ声をひそめたような風情が感じられるが、中間部〈譜例16〉では爽やかで明るい響きが「カレリア組曲」の晴れやかさを予告している

ヘルシンキ港に面した大聖堂とロシア皇帝アレクサンドル２世の像

ヘルシンキ駅の概観

ヘルシンキ駅の建物の一部。エリエル・サーリネン作。カレワラ・ロマン主義を象徴する作品

ようである。

第4曲は全曲を通じて基低音がA・H・Eだけのくり返しという単調な動きの上に、哀愁をたたえた民謡風の施律が歌われる〈譜例17〉。おおむねppのこの単調な曲をピアノで魅力的に響かせることはとても難しい。合唱で聴けたらどんなにかすばらしいだろうと思ってしまう。この旋律にはやはり肉声がほしい。

1893年の初めにシベリウスはルーネベルイの詩「嫉妬の夜々」につけて、ピアノ・トリオと歌と朗読という組み合わせでいくつかの曲を書いた。「即興曲」の第5、6番の原曲もこの中にある。「突然、リュートのすべての弦が、豊かに輝かしく鳴りわたり、女の声によってみたされた」という詩が「即興曲第5番」の背景で、16分音符の細かい動きはリュートの響きを、全音符の施律は女の歌を模すかのようである〈譜例18〉。どことなく日本的なメロディーでもある。

今から14年前、レコードのライナー・ノートに「この曲を弾くたびに私はなぜか〝七夕〟を想ってしまう。その素朴さ、哀しさ、星の降るような音型の故かもしれない」と書いた。すでに20年近くこの曲を世界の各地で弾き続けているうちに、いつのまにかそれが私の生涯の調べになっていることにふと気がついた。それはもうシベリウスの音楽ではなくて、私が生まれる前から私の魂の中で響いており、河のように私の生涯を流れつづけていくのだろうと思う。

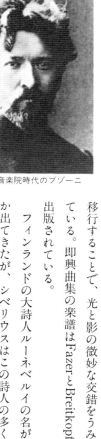

お菓子を食べて祝う大詩人の日

「即興曲第6番」のもとになったルーネベルイの詩では、詩人は丘の上にたち、春の朝の大気に抱かれている。おおらかでなごやかな旋律〈譜例19〉は中途から短調に転じ、淡い影をおとす〈譜例20〉。前半がホ長調、後半がホ短調と、同主調のうえで長調から短調に移行することで、光と影の微妙な交錯をうみだしている。即興曲集の楽譜はFazerとBreitkopfから出版されている。

ヘルシンキ音楽院時代のブゾーニ

フィンランドの大詩人ルーネベルイの名が何回か出てきたが、シベリウスはこの詩人の多くの詩をもとにすばらしい歌曲を残している。ピアノ・パートも実にすばらしいので、弾いてみることをおすすめする。ときによるとピアノ独奏曲よりも、歌曲のピアノ・パートの方が生き生きとして、実に内容の濃いドラマを含んでいるのである。例としてルーネベルイ詩による「逢引きから帰った乙女」の一部〈譜例21〉と「接吻」の冒頭〈譜例22〉をあげておく。

2月5日のルーネベルイの誕生日はフィンランドでは祝日である。この日にはルーネベルイン・トルットウというお菓子、これは奥さんのフレデリカの得意の作だったらしいが、それを食べてお祝いするのが、大詩人の記念日の祝い方としてはなんともほほえましい。

1893年には即興曲集のほかに「ピアノ・ソナタ作品12」も完成している。演奏時間18分ほどで、シベリウスのピアノ曲中唯一の大規模な作品である。シベリウス研究の権威であるエリック・タヴァッシェルナ教授は、このソナタとベートーヴェンの「ハンマークラヴィア・ソナタ」との関連性を指摘している。音楽的な内容からいえば巨人と子どもぐらいの違いがあるが、鍵盤を広域に使った壮大な楽想と奔騰するエネルギーは確かに「ハンマークラヴィア」を連想させないことはない。ベートーヴェンのこの巨大なソナタは、シベリウスがもっとも好んだピアノ作品のひとつだった。

どういう風のふきまわしか、世紀の大ピアニスト、フェルッチオ・ブゾーニが1888

年から89年までヘルシンキ音楽院の教授を務めたのだった。ブゾーニはまだ22歳の若さであったが、すでに中央ヨーロッパで輝かしいキャリアを築きあげつつあり、その彼がなぜ北の果てのフィンランドに来ることになったのかは謎である。

当時のヘルシンキ音楽院のピアノ科の程度といえば、良家の子女の手すさびに近かったし、ブゾーニは音楽院自身の弦楽四重奏やオーケストラがないことにもショックを受けたという。当時はまだ管楽器科がなかったために、オーケストラもできなかったらしい。

それでもブゾーニはバッハのインヴェンション集を自身で校訂した版をヘルシンキ音楽院に献呈したり、フィンランド民謡による連弾曲を作曲したり、数多くのリサイタルを開いてフィンランドの音楽界につくした。

シベリウスは当時音楽院の学生だったが、カルテットの第2ヴァイオリンでブゾーニといっしょのコンサートにも出演したという。曲はシューマンの「ピアノ五重奏曲」だった。ブゾーニとシベリウスはすぐに親友となり、ほとんど毎日いっしょに過ごしたというが、ブゾーニの演奏した「ハンマークラヴィア・ソナタ」はシベリウスにとって強烈な衝撃であったらしい。彼らの友情はブゾーニの死のまぎわまで続いた。

シベリウスのピアノソナタは民族的な色彩の濃いもので、フィンランドの舞曲やカレワラの英雄たちの哀歌〈譜例25・第2楽章冒頭〉が聞こえてくるようである。フィンランドの民族楽器カンテレの細かく澄んだ響きも聴かれる〈譜例26〉。数々の魅力的な楽想をちりばめながらも、発想がオーケストラ的で、ピアノ曲としてこれだけの規模に充分な説得力を持続展開することは、できなかったようだ。

なお楽譜はBreitkopfから出ていたものが絶版になっていたが、近々再版されるようである。レコードは前述のタヴァッシェルナ教授の子息の演奏で、スウェーデンのBisから出ている。(Bis 153)

——1985年2月15日　ヘルシンキにて

春 SPRING 1985.3→5

トンネルの闇を抜けると光輝く野があった

第5章　春は泥んこになりながらやってくる

ヤンネ　'79年4月7日

この冬はことのほか寒さが厳しく、ヘルシンキでさえ零下20度前後の日が2カ月近くも続いたが、3月に入ってさすがに寒気もゆるみ、今日初めて水銀柱がプラス側にあがった。街路は雪どけのぬかるみでぐしゃぐしゃである。これから1カ月ぐらいは凍ったり溶けたりの繰り返しで、春は泥んこになりながらやってくる。そしてある日突然、樹々の芽が開き、1週間もすると緑の海にうまってしまう北欧の春は、みにくいあひるの子の話のようでもある。

2月にはいくつか大事な演奏会をした。

そのひとつは毎春の恒例になっているフィンランディア・ホールでのリサイタルで、今年も切符が3時間ほどでなくなり、1800席満席だった。曲目はブラームスの「作品118」、ショパンの「24の前奏曲」と間宮芳生の「第2ソナタ」だった。間宮作品は日本の作曲家によるピアノ曲中最高のもののひとつだと思うが、聴衆の反応は「まったくちんぷんかんぷん」から「衝撃的。最高にスリリングであった」まで多種多様であった。

ヘルシンキ・フィルの百年史を編さんしている作曲家のマルヴィア氏が、「昔の記録を見るとリストやワグナーの作品が初めて演奏されたときも同様な反応だったらしいですよ。ブラームスなど重苦しくて単調でと不評だったようです」と言っていた。ベートーヴェンやチャイコフスキーよりもブラームスが大好きな現在のフィンランド人からは想像もできないことだ。

この演奏会の翌日からサン・サーンスの「第2協奏曲」の譜読みを始め、10日後にクオピオ市のオケと演奏した。初めて勉強する曲なので短期間で暗譜するのはたいへんだったけれど、結果は大成功だった。

リハーサルではぼろぼろ忘れ、どこにいったか分らず(こういうときフィンランドでは〝森に入っちゃった〟と言う)指揮者も私も真っ青だったが、本番は自分でもあきれるほどの天馬空を行く快演だった。この年齢になると、あまりどきどきするようなことはしたくないと思うけれど、反面こういうことが時々あるのが演奏家の楽しみのひとつでもある。火事場になると思わぬ力が出てくるようなものだ。

２月28日は「カレワラの日」で、カレワラ１５０年の本年は、大統領臨席のもとに式典とヘルシンキ・フィルの演奏が行われた。曲目はシベリウスの「クッレルヴォ交響曲」とクラミの「カレワラ組曲」だった。

毎年この日には学術文芸の個人や団体に文化財団からの賞金、奨学金の授与があるが、今年は総額４億円ほどが給付された。人口５００万の小国がよくやると思う。カレワラは現在までに33カ国語に訳されているが、今年は特別に５人の翻訳者に賞があたえられた。そのうちのひとりが小泉保氏である。これまでにカレワラのことをずいぶん書いてきたが、同氏の訳になるカレワラが岩波書店から出ているので一読をおすすめする。「カレワラ」の名訳としては古くから森本覚丹氏によるものが知られている。非常に格調の高く美しい文章である。これは英訳からの再訳だそうだが、フィン語から直接現代文体に訳された小泉氏のものとあわせて読まれるとよいと思う。

さて今回はシベリウスの「カレワラ・ロマン主義」時代の作品について、もう一回書いてみることにしよう。

よく響くように書かれている小曲群

１８９４年ころから折にふれて書かれたピアノ曲が、１９０３年に「ピアノのための10の作品集（作品24）」としてひとつにまとめられた。約10年にわたっているので作風は多様で、シューマン、ショパン、グリーグ、チャイコフスキー等の影響が散見される。シベリウスのピアノ書法の基本はシューマンやシューベルトに近いものであるが、シベリウス自身はピアノ曲の理想的な作曲者としてシューマン、ショパン、ドビュッシーをあげていたと言われる。

この10曲は作風も作品の質もまちまちであり、民族ロマン主義時代の若いシベリウスのひたむきな情熱や表現意欲、華やかなピアニズムへの試み、シベリウス独特のシンフォニックな表現が随所に見られるが、全部が成功しているとは言いがたい。

シベリウスがピアノを弾いているところを、彼の義兄弟のエーロ・ヤーネフェルトがスケッチしているが、軽快な線で描かれているのに、ピアノを弾いている人間の、溢れるばかりの激しく逞しい生命力が伝わってくるようであり、同時にそのエネルギーが強烈に凝

ヘルシンキ市内。湖がとけだした

北極ラップ人の家

縮集中されて内面に向かっていることも感じさせてくれる。このスケッチや『10のピアノ曲』が書かれたころのシベリウスは、文字どおりたくさんの音を必要としていたのだろう。10曲の中では第3曲の「キャプリス」と、第9曲の「ロマンス　変ニ長調」が秀れていて、フィンランドでも非常にポピュラーである。「キャプリス」は華麗で天馬空を行くがごときピアニスティックな効果を持ち、フィンランドでは少し腕のたつアマチュアのピアニストが必ず試み、必ず立往生する曲である。立往生する箇所を載せておきますから、日本の皆さまもアタックしてみてください〈譜例27〉。中間部は簡素なフィンランド風のメロディー〈譜例28〉が美しい。

変ニ長調の「ロマンス」もシベリウスのピアノ曲中最上に属するもので、その熱っぽい語り口には、前年に作曲された交響詩「フィンランディア」と相通ずる「愛国的情熱」とでもいうものが感じられる。主題も「フィンランディア」讃歌とほぼ同じである〈譜例29〉。シベリウスの若いころのピアノ曲がオーケストラ的発想のため不成功に終わっている例が多いのと逆に、この「ロマンス」ではピアノによって交響的な効果をうみだすのに成功している。

作品24の10曲中管弦楽的発想で不成功に終わったのは第1曲「即興曲」と第2曲「ロマンス　イ長調」である。ピアノで美しく響かせるのは難しいけれど、第7曲「アンダンティーノ」もシベリウス風の飾らないおおらかな叙情があって私は好きである〈譜例30〉。特に中間部のdolcissimoは胸をうつような清楚な歌とほの暗さがあってすばらしい〈譜例31〉。この旋律もよく見ていただくと分るが、「フィンランディア」とそっくり同じである。第8曲の「夜想曲」はタヴァッシエルナ教授によれば「10曲中もっともフィンランド的」だが、過度の感傷性というか情熱というか、私にはちょっとつきあいきれない気がする。しかしよく響くように書かれており、フィンランドでは好かれている曲である。第4曲「ロマンス　ニ長調」、第6曲「牧歌」、第10曲「舟歌」についても同じようなことが言える。第5曲の「ワルツ」は、健康で素朴で楽しいもので、これは私も好きだ〈譜例32〉。

なお「10のピアノ曲」の楽譜はBreitkopfから、1曲ずつバラで出版されている。レコードはタヴァッシエナルの演奏で出ている（Bis・169）。

〝ピアノのための3つの叙情的小品〟と副題のつく組曲「キュッリッキ作品41」は1904年に作曲された。シベリウスのピアノ曲中「カレワラ」に直接題材を得た唯一の作品で、その書法はかなりオーケストラ的である。

アイノ・シベリウス夫人

書斎でのシベリウス（1915年）

キュッリッキは島いちばんの美少女で、裕福な格の高い家の娘である。求婚者の列はひきもきらぬが、キュッリッキは見向きもしない。一方レンミンカイネンは、漁夫であり農夫であり狩人でもあって、冒険好きでむこうみずな若者であった。美男子の彼には島中の娘が夢中になったが、キュッリッキだけは別だった。

思いあまったレンミンカイネンは、ある夕方島の娘たちの踊りの輪に橇でとびこみ、キュッリッキを略奪する。嘆き悲しみさからう少女は、しかしレンミンカイネンの熱にほだされ、ひとつの約束をかわして結婚を承諾する。約束とは、レンミンカイネンはもう決して戦いに赴かない、キュッリッキは踊りの輪に入らないことである。

しかしある日、夫の留守に彼女は誘惑に負けて村娘たちの踊りの輪に加わってしまう。怒ったレンミンカイネンは、ポホヨラ（カレワラ伝説で北涯の国をさす）の娘を新しい嫁として得るべく北の国に赴き、娘を得るための難題のひとつ、トゥオネラ（黄泉《よみ》）の川の白鳥狩りに失敗して身を5つに切り裂かれてしまう。

シベリウス自身は、この曲は情景描写ではないと言っているが、その響きから物語を想像することは容易である。

第1楽章冒頭の咆哮《ほうこう》する金管群と嵐のような弦楽器群を想わせる楽想〈譜例33〉は掠奪

の荒々しさを、高音での旋律〈譜34〉はキュッリッキの嘆きを歌うようである。烈しい葛藤にみちたこの楽章は非常に劇的であるが、ピアノ書法としての密度は薄く、オーケストラ作品のデッサンのように思える。

第2楽章は暗い悲しみの歌〈譜例35〉で、この旋律はどことなくヴォルガの舟曳き歌を想起させる。

第3楽章は踊りだが、雰囲気は不安に揺れ動き、ほの暗く非現実的な情緒が漂う。夫の留守に踊りにいくキュッリッキの心の揺れであろうか〈譜例36〉。

この曲の楽譜はBreitkopfから、レコードはタヴァッシェルナの演奏でBisからと、それにグールドのものがある。グールドの演奏は、この曲がピアニスティックでない分だけすばらしい演奏になっている点が面白く、一聴をおすすめする。

1903年に作品番号なしで「6つのフィンランド民謡」の編曲が出されたが、これはシベリウスが民謡を直接の素材とした唯一の作品であろう。どの曲も2頁しかなく、編曲という言葉から想像される装飾性もなくて、むしろ各民謡の本質を、苦い汁をしぼりだしたという感じである。バルトーク的な切りつめた厳しささえある。短いが重みのあるよい作品である。

民謡を生《なま》で創作の素材に使うことのなかったシベリウスであるが、この6曲の旋律を見ると、これまでに触れてきた彼の初期のピアノ曲および管弦楽曲の中に類似したものがたくさんあることに気がつく。もとになった歌の名を配列順に記しておく。1私のかわいい人、2心から君を愛す、3夕べはきたりぬ〈譜例37〉、4カンテレを弾く娘、5弟殺し〈譜例38〉、6婚礼の想い出。

楽譜はBreitkopf、レコードはタヴァッシェルナの演奏でBisからでている。(Bis・153)盤には「6つの即興曲」「ソナタ」「キュッリッキ」も含まれているのでお買徳だが、演奏についての評価は分かれよう。

1985年3月11日　ヘルシンキにて

暖かくなってくると、ついこんないたずらもしたくなる（童話作家トペリウスの記念像）

そろそろ春が……保育園の子どもたち

ポリのオーケストラは美術館で練習

もう夏も近い日はコーヒーも戸外で、ヘルシンキ港付近

春の街頭で、ポリ市民のブラスバンド

春さきの市場

初春の港にて（1976年5月）

春さきの市場

春さん今日は、ヤンネとサトゥです(1984)

春がきて、じゅうたんにも風を通す

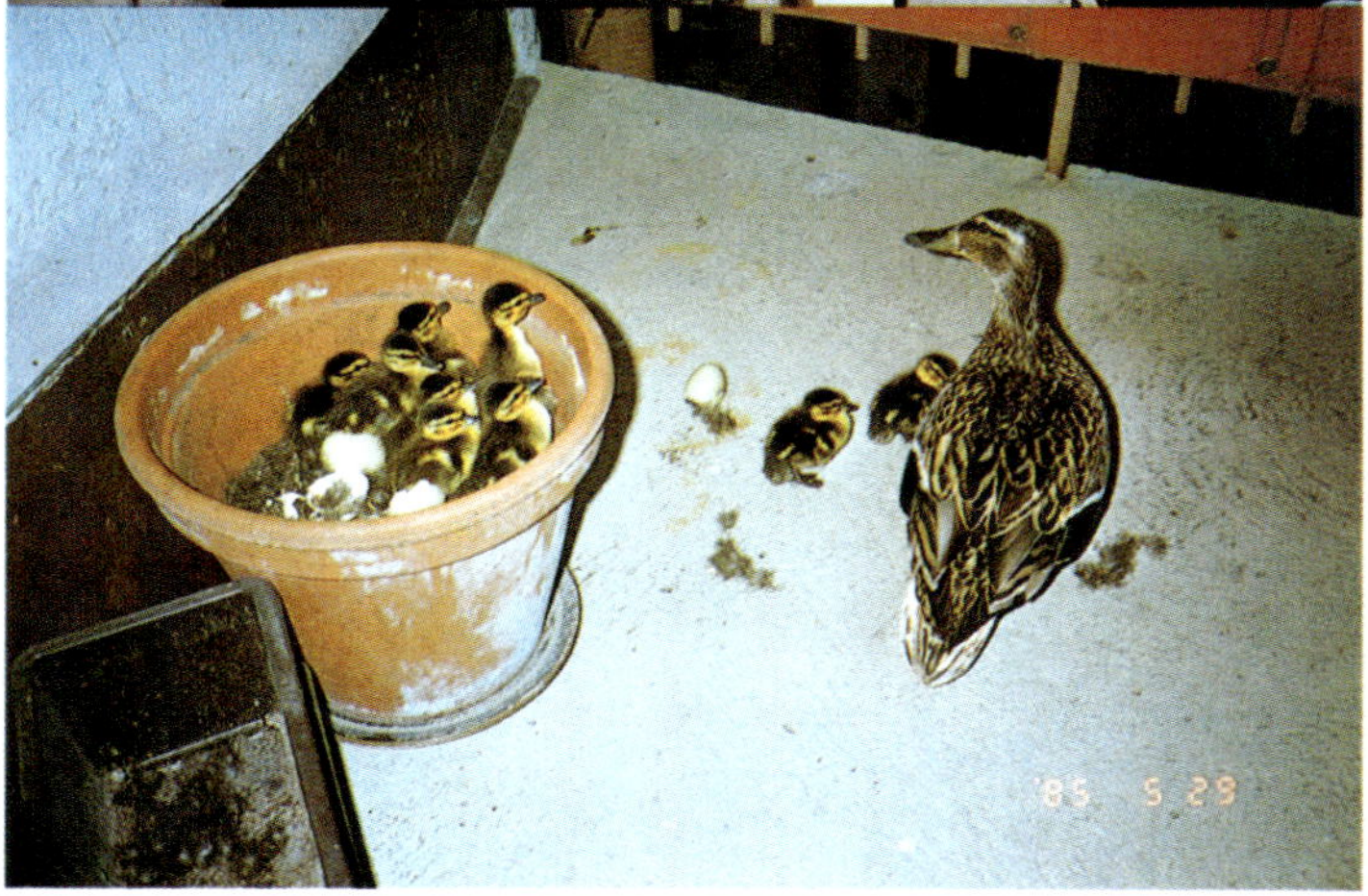

わが家のベランダで鴨のひなが孵って

第6章　北欧の自然とともに歩むこころ

春分ともなると、なんと光の豊かなことだろう。北欧の3月は溢れる光に輝いて、世界が広がってみえる。信じられない想いである。暖かみを増した陽光に雪原の表面がわずかに溶けてはまた凍り、そこに光を受けて野は一面の星屑かダイアモンドのようにきらめいている。

シベリウスの歌曲に、ヴェックセルの詩につけた「3月の雪の上のダイアモンド」という美しい曲がある。春の足音の中で、3月の雪が太陽の光に向かって祈りながら消えてゆく情景が、美しい愛の運命《さだめ》になぞらえて初々しくえがかれていて、詩は「おお、なんという美しい愛の運命、太陽がもっとも美しく微笑《ほほえ》むときに死ぬとは！」と結ばれている。

ヤンネ　'79年

シベリウスの曲は、ピアノの前奏にあらわれる冒頭の単純な変ロ長調の分散和音ひとつで、魔法の杖のひとふりのように、全体の清楚な情感をつくりだしてしまう〈譜例39〉。天才の筆になるものと賛嘆せざるを得ないと同時に、このような曲はやはり北欧人でないと書けないと思ってしまう。

この時期になると湖の氷もゆるみだす。これまでは湖の上でスキーをしたり、対岸まで歩いて渡れたのが、用心しないと氷の下に落ちてしまう危険も出てくる。毎春それで命をおとす人が何人か出る。

先日テレビのニュースを見ていたら、珍しい複合競技の情景がうつしだされた。ビキニ姿の女性や水泳パンツだけの男性が、スキーをはいて凍った湖の上に立っている。何をするのかと思ったら、まずノルディックで湖上の雪原を走り、あらかじめ氷を開いたところでスキーをぬいで泳いでゴールに、という競争だった。少なくとも、零下数度はある日だったが、参加者は皆汗を流していた。いくらスキーのさかんな北欧でも、こんな光景にはあまりお目にかかれない。

ここまで書いたところで、3月30日に日本に来た。桜の花を楽しみしてに帰ってきたが、いざ満開の桜を見ても現実感がなくて、芝居の書き割りを見ているような空虚な感じだったのは、病院から退院してきた父の状態があまり思わしくなくて、心が沈んでいたからだろうか。たくさんの花を見ても春の喜びがなかったのは、やはり自分の心が北欧の自然とともに歩んできたからでもあろう。長い冬のあとで5月の森の中に「森の星」とよばれる白い小さな花やアネモネの花を見つけたときの感動は、北国の冬を耐えてきた者のみに許される恵みであろう。花だけがいっぱいにあればよいというものでもない。

シベリウスも北国の樹や花を深く愛した人である。彼の中期のピアノ曲には「樹の組曲作品75」や「花の組曲作品85」のように、自分の身のまわりにある樹々や花に想いを託した素敵な作品がある。シベリウスの中期とは、彼がヘルシンキでの都会生活をやめて、ヘルシンキ郊外30キロのヤルヴェンパーの田園地帯、トゥースラ湖を一望できる森の中に山荘ふうの家を建てて住むようになる１９０４年から14年ころまで、すなわち50歳になる直前までの時期である。作風はそれまでの熱い情感をこめた、そして音も多く厚い民族ロマン主義から、より簡素で透明な普遍的なものに向かう。

シベリウス研究の権威であるタヴァッシエルナ教授はこの時期を、シベリウスの「The European Classical phaseヨーロッパ古典的様式期」と名づけている。オーケストラ作品では「第3」・「第4」・「第5交響曲」が作曲された。重く暗い情念は第4交響曲に見られ

花屋（上）ヘルシンキの目抜き通りにある Music Fazer の店（下）

るし、この時期にも交響詩「ポホヨラの娘」のようにカレワラに題材を得たものも作曲されているが、オーケストレーションは節約された簡素なもの、室内楽的とさえ言える方向に向かい、造型は古典的な明晰さを持つようになる。音は少なくなるが、それだけ充実感をまし、選びぬかれた音が弾力を持って輝いている。息の長いロマンティックな旋律は少なくなり、動機の発展、動機が動機を生んでいくようなシベリウス独自の様式が完成していく。

印象派的な色彩も見られて

ピアノ曲でも「カレワラ・ロマン主義」の時期のものほど一般的な人気はないが、音楽的には純度の高い、シベリウスのピアノ曲の最上のものがこの時期に数多く作曲された。彼の国際的名声もこのころからたかまりはじめ、ドイツ、フランス、イギリス、アメリカなど世界各地で彼のオーケストラ曲、最初は特に「第1」・「第2交響曲」、「レンミンカイネンの四つの伝説」など「カレワラ・ロマン主義」の時期のものが演奏されるようになってきた。自作の指揮者としてもシベリウスは前記の国々で演奏旅行を行っている。

1民族の作曲家から世界の巨匠への道を登りながら、彼は自分の音楽が世界でどのように受け取られ批判されるかを観察し、新しい視点を得るようにもなる。彼の人生にはこの時期に実にさまざまな事がおこり、娘の死や自己の健康の悪化から「死」とも向かいあって「生」の意味を問い直す、精神面での大きな転機も訪れるのだが、それらについては後に記すことにし、まずいくつか中期のピアノ曲を紹介してみよう。

1909年に「10の小曲集作品58」が作曲される。ヘルシンキからヤルヴェンパーの田園生活（山荘はアイノ夫人の名をとって「アイノラ」と命名された）に入ってすでに5年を経ており、同年には室内楽曲の傑作である弦楽四重奏曲「Voces intimae　親愛の声」や交響詩「夜の騎行と日の出」も作られ、作風は次第に簡潔、内面化の方向を向いている。ブゾーニの表現を借りるならば「Youthful classicism　若々しい古典主義」とでも言える作風で、「10の小曲集作品58」でも、これまでの彼のピアノ書法とまったく異なった、非常に線的な書き方がされている。

弦2本のduo、あるいは弦楽三重奏・四重奏をしばしば連想させるが、各声部の独立性は増し、音は薄くなっているのに表現のダイナミックさはかえって大きく、きびきびとした運動性にみちて変化はすばやい。従って、小品でも1曲中に盛られる表現は多様で豊かでありながら、全体の見通しは実によく明晰である。印象派的な色彩が見られるようになってきたのも新しい特徴である。全10曲で演奏時間は33分程であるが、もともとまとまった組曲として作られたものではないので、数曲自分の好きな組み合わせを考えて演奏するのがよい。

私自身はNo.1・2・4・6・7、曲名で「夢想」「スケルツィーノ」「牧人」「対話」「テンポ・ディ・メヌエット」の5曲が特に好きである。

「夢想」〈譜例40〉では右手の織りなす印象派的でデリカシーにみちた薄もやのような響きを縫って、憧憬と恍惚にみちた息の長い旋律がゆるやかに舞いあがる。楽想は絶妙な転調を経、二転三転、中間部ではすばやい動きで霧を抜けて夢さめぬ、と思うやまた深々とした憧憬にひたされていく。すばらしい曲である。舞いあがる心の昂まり、そして夢に沈みこんでいく一瞬の心の動き、恋する女の表情にも似て美しい〈譜例41〉。

「スケルツィーノ」は作曲者によれば「ベンヴェヌート・チェルリーニの性格を持っているが、ベルリオーズのベンヴェヌートとは異なる」という。軽妙な楽想は巧みな転調やシベリウスのピアノ曲には珍しい変拍子なども取りいれながら、ピアノの全音域を機敏に駆けめぐり、実にさまざまな表情をみせる。少し長くなるが真中のあたりを一部のせておく〈譜例42〉。あたかも恋をする若者同志のたわむれのようで、タヴァアッシェルナはルネッサンス人の情熱を目の前に見るようだと言う。こういうすばらしいピアニズムの作品を見るとシベリウスもあながちピアノがへたではなかったようだし、ずいぶん自分でも楽しみながら作曲したのではないかと思われる。つまりここには洗練された精神の愉悦があるということだ。

同じことは「牧人」にも言える。ロココ的で優雅でのびやかな心のはずみが感じられる。6頁にわたるこの小品はほとんど2声のみで書かれているが、実に豊かな変化に富み、たとえば羊飼いの青年が羊飼いの娘に緑の草原で奏する、あるときは明るく優しくあるときは翳りを持って響くセレナードを想像してもよいだろう。楽器もオーボエ、フルート、ギターとさまざまに移されていくような色彩感を持っているが、しかしあくまでピアニスティックであり、2声のみでありながら立体的で明暗豊かに響く。譜例として中途の一部をのせておく〈譜例43〉。

「対話」についても「牧人」と同じようなことは言えるが、ただこの曲では「牧人」にあったよう舞踊性はもちろんない。ここでは小さな動機を積みかさねていく書法が巧みに用いられている〈譜例44〉。

「テンポ・ディ・メヌエット」はきらきらとした華麗なピアニズムと翳りが微妙に織りまぜられたコントラストもみごとなすてきな曲である〈譜例45〉。作品58はこのほかに「Air varie」「夕べ」「漁夫の歌」「セレナーデ」「夏の歌」などの曲を含むが、シベリウスの全ピアノ曲中もっとも練達にピアニスティックに書かれており、人生の多くを見た大人の真の意味での「遊びの心」で書かれた曲集で、何度も言うようだが私はこういう曲を弾いているとほんとうに幸せになる。

人を幸せにする明るさとやさしさと

「10のバガテル　作品34」は1914年から16年にかけて作曲された。本来ならば作品番号80番台におかれるべきだが、シベリウスが作品カタログの初期の作品のあるものを削除して、後年の作品を埋めあわせにおいたのでこういう変なことになった。作品34となっていても実は作品58より6、7年後の作品である。1914年に第一次世界大戦が勃発し、シベリウスはそれまで関係していたドイツの出版社とのコンタクトを失ったために、数多くの小品（主としてピアノ曲と歌曲）を書いてはヘルシンキの出版社に売っていた。

カレワラの編集者。エリアス・リヨンロートウの銅像

ハイキングを楽しむシベリウス一家（1912年）

経済的にも困難な状態にあり、借金はふえる一方だった。シベリウスはこれらの小品を「子供たちのオープン・サンドイッチ」、日本語で俗に言えば「おまんま」のために書いたと述べている。しかし一方作品34の楽譜の校正の際には「さわやかでいい曲集だ」と満足の意も表している。「10のバガデル」の各曲の題がフランス語であることも、優雅で明晰でかろやかな精神（エスプリ）を方向づけているようだ。

どの曲も2頁から4頁、演奏時間1、2分の短いもので、技術的にも比較的容易だが、音楽的には軽いながらも充実しており、人を幸せにする明るさと優しさを持っている。第6曲の「夢想」のみはほかと違って1913年に作曲され、第4交響曲の暗く悲劇的な響きがかすかに聴こえるようである。作品34はどの曲もよいが、やはり全部ではなく、自分の好きな数曲の組み合わせで演奏するのがよいだろう。第1曲の「ワルツ」は華やかさとほの暗さの微妙な混在がすてき。No.2・3・4もよくて、5の「気まぐれ」〈譜例46〉には優美な美しさが、7の「ダンス・パストラル」〈譜例47〉には優雅なユーモアが、そして8の「ハープ弾き」には静かな哀感が漂っている〈譜例48〉。

1912年から14年にかけて「抒情的瞑想作品40」と題された10曲の小品が作曲された。作品34の少し前の作品であるが、傾向としては作品34で述べてきたこととまったく同じである。どの曲もよいが優しい美しさにみちた「子守歌」〈譜例49〉小さな謎を持った「旋律的瞑想」〈譜例50〉、華やいでユーモラスな「ロンドレット」〈譜例51〉、力強いファンファーレと暗い悲劇的な楽想の対照鮮やかな「ポロネーズ」など、フィンランドでは非常にポピュラーである。

作品34と作品40のレコードは全曲盤がタヴァッシェルナの演奏で（Bis169及び195）、数曲ずつ選んだものがシャルキエヴィッチ（FA802）、舘野泉（東芝EMI）で出ている。楽譜は1曲ずつバラでBreitkopfおよびFazerから出ておりヤマハを通して入手できる。なお東京のアジア・レコードにFinlandiaレーベルのレコードが大量に入荷しており、前記シャルキエヴィッチの盤や、これまでこの連載で紹介してきたビュ－ストレーム、リタンデル、シベリウスそのほか多くのフィンランドの作曲家のものが入手できる。

1985年4月27日　静岡にて

第7章　大マエストロのような気分で

サトウ　'84年4月

3月30日から5月12日までの6週間、日本に帰っていた。北は盛岡から南は徳島まで、かなり詰まった日程で演奏してまわり、その間にはLP2枚のレコーディングもあったりして、終わりの方ではいささか疲労も感じたが、旅のさきざきで温かく優しい人の心に触れ、さまざまな人生の断面を見、音楽を通じて心のまじわりを得ることができ、幸せであった。

忙しい中にも、今回は那須温泉で山桜や山吹をみながら露天風呂に入るようなぜいたくなときがもてたし、松本で食べた旬《しゅん》の山菜料理、東海道丸子《まりこ》の宿のとろろ芋料理なども野趣横溢していて忘れがたい。仙台では伯父や従妹夫妻とスッポン料理を食べ、燗《かん》酒の中にスッポンの首が入った亀首酒というグロテスクなものにも挑戦してみた。最初は気持ちが悪かったが、その後数日身体がきわめてさわやかであったのはどういうことなのだろう。

いずれにしても演奏会のあとで、強烈な精神集中から解きはなたれて、音楽で心がはずんだ人びとと酒を酌《く》みかわし語りあうときの愉悦感は何とも言えない。そしてそういうことが何日か続いたあとでひとりで静かに飲む酒も、またすばらしい。

シベリウスも酒が好きだった。かなり豪快な酒で、友人たちと飲みに出ると何日も家に帰らず、アイノ夫人を心配させることもよくあったらしい。日本語にはしにくいけれど「そのうちに、徐々に、徐々に家の方に帰るから」というシベリウスからのメッセージが、時折アイノ夫人に届けられたという。強度の精神集中を長期間持続させなければならない創作活動の間には、そういう飲み方が必要なこともよく分る、などとフィンランドで言うと熱狂的な禁酒主義者の多いこの国ではにらまれてしまうので、この話はここだけということにしておく。

私自身の酒も割合豪快なほうだが、それでもイッキイッキなどとばかなことはしないし、飲み歩いて徐々に徐々に家のほうに帰るからね、とわがマリア夫人を心配させるようなこともない。日本での単身赴任の6週間が過ぎれば、成田からヘルシンキまでノン・ストップのフィンランド航空でイッキに家に帰るのである。実際、成田・ヘルシンキ間を無着陸、12時間半で飛ぶこの便が就航してからは、日本とフィンランドがぐんと近くなった。昨年春の東フィルのヨーロッパ公演も、フィンランド航空でまずヘルシンキに飛び、そこから50数日間の演奏旅行が始められたのである。

私のように21年もフィンランドに住んでいる人間は、そこが小さな国に住んでいる家庭的な良さなのだけど、スチュワーデスは皆顔なじみだし、乗った瞬間からフィン語の世界なので、もう半分家に帰ったようなものである。フランス産のシャンペンが出され、リクライニング・シートにゆっくりもたれて機内放送の音楽番組をイヤホーンで聴く。オスカル・メリカントのピアノ曲が流れ、フィンランドの田園風景が目の前をよぎる。でもそれにしてもこの弾きかた、どこかで聴いたことがあるみたいだけど、と機内放送のプログラムを見ると演奏は舘野泉さんだった。カラヤンさんみたいに有名でもないしお金もないけれど、なんだかカラヤンになったような気持ちで、大マエストロのように軽く目をつむって見た。とてもいい気持ちだった。

ヘルシンキのカルガモ?一家

日本をたつころは初夏のような陽気であったが、ヘルシンキはまだ10度前後の寒い日が続いて、白樺の芽もやっとふきかけたところであった。今年は春のくるのがおくれている。6週間ぶりに我が家に帰ってみると、妻のマリアと子どもたち2人のほかに、家族の一員がふえていた。鴨である。我が家のベランダにある植木鉢を巣にして卵をうみ、それを孵《かえ》そうと座り込んでいるのだった。

実はこの鴨、昨年も4月中旬に同じ場所に巣をつくり、11個の卵を産んだのだった。鴨は普通水辺に巣をつくるのに、我が家はヘルシンキ市のどまんなか、海までは歩いて10分ほどかかるし、しかも3階である。いくらのんびりしたヘルシンキでもこんなことは前代未聞である。雛《ひな》が孵ったらどうするのだろう。鴨がそんなところまで考えていないとしたら、人間としては、あるいは家主としては、雛が孵ったときにどうしたらよいのだろう。

葱は背負ってきてくれなかったけど卵は11個も産んでくれたし、これはちょっと食べがいがあるなあ、と言ったら子どもたちにきっとにらまれて親父は小さくなってしまった。鴨は雌雄いっしょで雛を孵すのが普通と聞いていたのに、我が家のは雌だけで、雄の方は姿をみせたこともない母子家庭であるのも、何か現代の世相を反映しているようであった。

昨年は5月19日から20日未明にかけて10羽の雛が孵り、母鴨は残りの一個をあきらめて中庭に飛びおりたので、雛をざるに入れて運びおろすと、みごとに一列縦隊となって迷うことなく海の方に行進していったのには感心した。日曜の朝早くで、車がほとんど通っていなかったのも幸いであった。今年はどうなるだろう。早く暖かい日が来て雛たちも孵り、また一列縦隊になって歩いていく様子が見たいものである。それにしても今年はいつまでも寒すぎる。

ヘルシンキに帰ってから3日目、5月15・16日にフィンランドの西岸、スエーデン寄りの町ヴァーサのオーケストラとサンサーンスの2番の協奏曲を演奏した。この曲、初めて譜読みしてから10日目にクオピオ市で演奏したことを前に書いたが、それ以後結局練習する時間がなくて、つもりとしては日本で演奏旅行のあいまによく勉強しておく考えだったが、大阪の知人のところで1時間半ほど練習したのが精いっぱいで、ヘルシンキに帰るなりすぐ時差ぼけの朦朧《もうろう》とした頭で練習を開始した。息つく間もないという感じだった。

第1日目はそれこそパニックという感じで、早くおぼえたものは早く忘れてしまうことを再認識させられた。時間をかけてきちんと弾きこんだものは10年たっても20年たっても、昨日弾いたばかりのように、しっかり身についているものだが、早くまとめたものは紙の

ヴァーサ市の中央広場（上）コケマキ河（下）

衣類のようにすぐぼろになってしまう。しかし1日目ははるかかなたの山脈《やまなみ》を見ているようなものだったのが、2日目にはかなり間近に山が見えてきた。ほっとした。あとはオーケストラと練習しながらおもいだしていけばよいと思った。

指揮がダン・フォーゲルといってニューヨークに住むイスラエル系なのだけど、彼とはちょうど1年前にタンペレでシューマンの協奏曲を共演しているので、その点でも気心が分っていて楽だった。あまり勉強ができてないのに初めての指揮者とやるのほどつらいことはない。演奏会は成功だった。終了後、久しぶりのフィンランドのビールとウォッカが腹に染み渡るほどおいしかった。

それにしても新しい曲を勉強するときは、じっくり腰をすえてやりたいものだ。その曲を演奏するのが半年先か1年先、ときによっては2年先と分っていても、現実にはハード・スケジュールに追われて、練習が始められるのは演奏会直前ということが多い。目前の演奏会のためでなく、10年先、あるいは20年も30年も後で演奏するときのためにじっくりと腰をすえて勉強する、そんな心がけが大事だと思う。そうやって身につけたものは、ピアニストにとって一生の財産となるのだ。

たとえばこの5月28日・29日にスエーデン寄りの町、ポリ市でパルムグレンの「ピアノ協奏曲第2番「河」を演奏するのだけど、この曲は芸大在学中の1957年に山本直純指揮の芸大オケと演奏するためにみっちり勉強し、さらに14年後の71年にヘルシンキ・フィルとレコードにしたときに徹底的に弾きこんだので（あのときはレコーディングの前に1カ月ほど肺炎で寝こんだので、とても弾けないと思っていた。でもそのレコードは72年度のレコード大賞を得た）それからは2日の準備期間さえあればいつでも演奏できる貴重な財産となった。若いころにはそれこそ我武者羅《がむしゃら》に毎日7時間でも8時間でも勉強できる体力もあるし好奇心も旺盛だから、弾けるだけ弾き、レパートリーもできるだけ多様に可能性をひろく広げていくことが大事だと思う。少なくとも私はそうしてきた。といっても無制限にやるわけにはいかないので、どこでやめておいたらよいかということでは、本能が働かなくてはいけない。

今回はほんとうはシベリウス中期のピアノ曲について書くはずだったのに、いつまでたってもその話にならないので読者はきっと不思議に思っていらっしゃるだろう。実は今回は休憩にして、かってなお喋《しゃべ》りをさせていただきたいと思うのだ。思うというより、忙しかった春のシーズンも5月いっぱいで終わりになるし、子どもたちの学校も6月1日から8月中旬まで夏休みになるし、今年は新緑のふきでるのが遅れているけれど、あと1週間

メーデーのお祭

ビールの宣伝車

もたてば（おそらく）一面新緑の海で、花々も一斉に咲きこぼれるだろうし、ひとつの季節の終わりを迎えて、あるいはおおいなる新しい季節の到来を前にして、心が落ち着かないのである。仕事なんぞみなほうり出して、光の中、緑の中に裸足で駆けだしたい。

焰《ほのお》を秘めた弟子のこと

こちらに帰ってきてからの話をもう少し続けよう。5月22日にシベリウス・アカデミーで私の生徒のひとり、マルッティ・ラウティオ君のピアノ・ディプロマの試験があった。（現在私のクラスは2人で、もうひとりはレニングラード音楽院から移ってきた青木洋子さんである）。こちらの制度は日本の音楽大学と違って、定められた年限いればほぼ自動的に卒業できるのではなく、在学中に自分のそのときの程度に応じた幾段階かの試験を順次に受けていくのである。試験にパスしなければ次の段階には進めないし、ディプロマというのはソリスト・コースの最終試験なのだが、ここまで進める人はごくわずかである。ディプロマの試験ではだいたい1時間半から2時間の曲目を演奏するが、受けるためにはその曲目の3倍のレパートリーを持っていることが前提とされる。

マルッティ・ラウティオ君のお父さんはシベリウス・アカデミーのチェロ科教授で、実にすばらしい演奏家でもあるエルッキ・ラウティオで、彼は日本にも２回来日しているから聴いた人もあるだろう。間宮芳生さんが彼の音楽に惚れこんで、彼のために新作のチェロ協奏曲を書いたりしている。息子のマルッティは子どものころからずっと学業優秀で常に首席であったので、父親は彼に音楽家以外の職業を希望していたらしく、ピアノは趣味でやらせていたのだが、その息子が15歳になったときにある日突然謀叛《むほん》をおこした。ピアニストになると言うのである。父親も頑固《がんこ》で火のような芸術家であるが、息子も負けぬくらい頑固であった。頑固と頑固がぶつかりあって猛烈な火花を散らしたが、結局息子の意志が通ってシベリウス・アカデミーの私のクラスに入った。

15歳になるまでピアノは趣味で片手間にやっていて、きちんとした手ほどきを受けていないので、手はうどん見たいにふにゃふにゃであった。テクニックはなかったし、こんなに遅く始めてテクニックを身につけてプロのピアニストになるのはたいへんだと思ったけど、いわゆるエチュードはショパンとかリストのような音楽的なものは別として、いっさい拒絶するのだった。音楽的にも我流でバランスがとれていなかったし、一時は作曲科にも入ってみたり、映画の制作に熱をあげたり、一筋縄ではいかぬ生徒だった。

しかし彼の中には火があった。おそろしく純粋であった。噴火口がなくて地下でのたうっている火山のようであった。そんな生徒と7年間もよくやってきたと思われるだろうが、彼は非常にすなおで優しく、まれに見るくらい礼儀正しい少年であり青年であった。音楽についてもしばしばバランスを欠き極端に走り、ときには珍妙でさえあったが、常に自分の考えをはっきり持っていた。そしてまだ未熟であり珍妙であるにせよ、将来彼の中ですばらしく大きな個性に総合されていくことが信じられた。私の言うことも常によく聞き、その中から取るべきものは取り、捨てるべきものは捨てていった。最初の数年はひどく内気な少年であったが、最近は自分の考えも活発に表明し、また巧みな質問で私から必要な知識をひきだすのだった。醜いあひるの子が白鳥になる日も近いと思われた。

今回ディプロマの試験で彼の曲目はバッハの「平均律第1巻第8番変ホ短調」、ドビュッシーの「エチュード第11番　組み合わされたアルペジオのために」、ショパンの「革命」、ベートーヴェンの「熱情」、ショパンの「バラード第1番」、ラフマニノフの「第2協奏曲」というもので、ラフマニノフでは私がオケ・パートを弾いた。

結果から言うと、シベリウス・アカデミーの採点方式は25点満点で、21点から上だとシベリウス・アカデミーの主催でデビュー・リサイタルをやらせてもらえるのだけど、ラウティオ青年は25点を得た。24点までは時々あるのだけど、シベリウス・アカデミー百年の歴史の中で、完璧を意味する満点を得たピアニストは数えるほどしかいない。

自分の力で育つように助ける

ラウティオ君の演奏は技術的にはまだ多くの問題点を残しながら、音楽が今生まれたばかりかと思える新鮮で純粋な初々《ういうい》しさと、火山のように強烈な爆発力と集中力を持って、6人の審査員を含む聴衆を魅了しきったのである。その演奏には教えられたとおりに弾くとか、伝統的な解釈の形骸とかマンネリズムの一片だにみられず、すべては彼の手と心で洗いだされて新しく生まれかわったのである。そして新鮮さと成熟がみごとにバランスを保って一体となっていた。

リヒテルがチャイコフスキー・コンクールの審査員を務めたときに、シベリウス・アカデミーの基準でいうと0点か25点しか与えなかったそうだが、ラウティオ君のような演奏を耳にすると、技術的な欠点、ある程度の音楽的未熟さはあるにしても25点の満点を与えるほかはないと思ってしまう。ひとりの審査員が技術的な欠点を指摘しかけたが、でも「芸術は芸術だから」と言いなおし、審査員のすべてが心から同感の意を表した。だれもが感動し幸せそうだった。完璧な技術、完璧な解釈だけでは芸術にならない。そこに芸術の不思議さと救いがあると、私は思う。この日は審査員たちもすばらしかったと思う。だれもが目と心を洗われ、そのことに素直な喜びを表明したのである。

そしてなお傑作だったのは、25点満点という審査委員長の判定を聞いたラウティオ君がどうしても信じようとせず、その評価を固持して受けようとせず、あげくの果てには「ぼくはもう一度試験を受け直す」と真顔で申し込んだことである。「先生たちは今日は何か錯覚されているのであって、自分はそんなすばらしい成績はまちがっても受けるに値しないから、もう一度試験して下さい」と真剣に話している彼の横顔を見ながら、「ああ、これでよかった」と私は思った。

先生としての私には多少良心の呵責もあったのである。それはもっとも大事なディプロマの試験を前にして、代講のしっかりした先生が指導してくれていたにせよ、6週間もの長い間日本に演奏旅行に行っていて、彼のレッスンができなかったことである。しかし彼が自分ひとりでやっていけることは信じていた。その見通しがあったのと、代講を引き受けてくれた同僚がよくバランスを取ってくれるだろうと信じていたので、一方では呵責も感じながら、それほど心配はしていなかったのである。そしてラウティオ君はりっぱにやってのけた。その成果が彼自身の手で、彼自身のたいへんな努力でつかみとっていったものだけに、ほんとうに彼の身についた大きなバックボーンになったことは疑いもない。彼は自分で自分を育てたのである。

以前、私の生徒だった柴山直子さんが「先生じゃない、舘野先生方式」と話していたが、今回も舘野先生は無手勝流式舘野流だったのである。柴山さんもラウティオ君も私のクラスに6年から7年いたが、彼らが私の生徒だという意識は私にはあまりない。私が指導したとすれば、彼らが常に自分自身の力でやっていくようにということ、彼ら自身の内部にあるものを抑えつけないでひきだすということ、精神的面と技術面のバランスを傍らからサポートすること、そして彼らが何よりも自分自身の内面の声と自分の耳に忠実であるように、ということであろう。彼らはこれから自分自身で翔《と》んでいってくれたらよい。そして時々私のところに弾きにきてくれたらすてきだと思うのだ。

今日はラウティオ君の話が長くなったけれど、ピアノを勉強する日本の若い人たちに、もしかしたら参考になるかと思い書いてみた。

フィンランドはこれから一年中で最高に自然が美しい、すばらしい白夜の季節に入る。そして、夏の間中各地で美しい自然を背景にオペラ祭や音楽祭、室内音楽祭とはまた一味違った白夜の北欧の音楽祭にも、前記フィンランド航空の直行便で便利にこられるようになったことだし、一度お出かけになることをおすすめしたい。

主なところではナーンタリ音楽祭（6月13日～26日）、サボンリンナ・オペラ祭（7月6日～27日）、ポリ・ジャズｆｅｓｔ（7月6日～14日）、クフモ室内楽音楽祭（7月14日～28日）、カウスティネン民族音楽祭（7月15日～21日）、トウルク音楽祭（8月10日～16日）、ヘルシンキｆｅｓｔ（8月22日～9月8日）などがあげられる。

そして音楽祭に出かけられたら、ヘルシンキから30キロほど離れたシベリウスの家「アイノラ」にも、ぜひ行かれることをおすすめする。

１９８５年５月24日　ヘルシンキにて

夏

SUMMER
1985.6→8

光の中、緑の中に裸足《はだし》で駆けだしたい

サマーハウス付近で（1979）

夏至祭の踊り

→夏至祭のポール（ヘルシンキ）

夏至祭の夜

仕事小屋

花にうもれた「貨物列車」

「貨物列車」右はじがサウナ

「貨物列車」

夏至祭の夜、サウナで使うため白樺の若木を束ねる

釣をしているつもり(1979)

水でるのかな……ママがんばって(1979)

サウナ用の薪で遊ぶ(1979)

朝食はテラスで

夏の朝、朝刊に
目を通すマリア

第８章　日本の文化への関心が高まって

今年はいつまでも寒くて、内陸部の湖では5月中旬まで氷が残っていた。フィンランドの一部ではすさまじい流氷が洪水をまきおこし、その光景は日本のテレビ・ニュースでも紹介されたようだからご覧になった方も多いことと思う。

そして夏は（日本の季節感覚では春と言うべきか）５月末のある日突然やってきた。前日までは10度前後だった水銀柱は一挙に25度にのぼり、樹々の芽はみるみるうちに開き、昨日までは裸の枝ばかりで遠く奥まで見透せた森は、爽やかな新緑でうまっていった。人びとはセーターを脱ぎすてて戸外に出て、暖かな日の光を身体いっぱいに浴びようとする。どの顔も歓びで輝いている。

ヤンネ -'78年７月24日

毎年、北欧の初夏を迎えるたびに、私は醜いあひるの子の話を想い出す。家鴨《あひる》と言えば、前に書いた我家の鴨は5月29日に8羽の雛がかえり、また一列縦隊になって海の方に歩いていったという。私はその前日から西海岸のポリ市に行っていたので、残念ながら見ることができなかった。

ポリは作曲家パルムグレンの出身地である。ここのオーケストラと今回は彼の「ピアノ協奏曲第2番　河」を演奏したが、これは作曲者がポリ市を貫いて流れるコケマキ河を船下りしたときの印象をもとに書かれた曲だ。ポリの演奏会場はコケマキ河の岸に臨む市立美術館の中で、演奏しているとちょうど真正面の大きな窓の向こうに河が見える。リハーサルのときに、陽光にきらめく川面に見惚れていて、何回も独奏部の入りを忘れてしまった。それでなくてもたくさんの絵に囲まれた演奏会場はすてきで、演奏した音がそのまま絵になって壁に掛けられていくような錯覚をおぼえる。今回は「現代世界写真展」として、篠山紀信の「シノラマ東京」という作品も展示されていた。

最近フィンランドでも、日本の文化に対する関心がとみに高まってきたように思う。ヴアーサ市の劇場で井上靖の「猟銃」を上演していたが、ポリ市でも練習のあいまにふらりとのぞいた書店で芭蕉の「奥の細道」、夏目漱石の「心」、太宰治の「人間失格」、遠藤周作の「沈黙」や「侍」などがフィンランド語に訳されているのを見つけた。吉川英治の「宮本武蔵」も近く出版されるそうである。武蔵と小次郎の渡り合いをフィンランド語で読むとどんな感じか、楽しみだ。この５月末には宝生流の能の公演がヘルシンキであったし、現在は「包む」という題で、日本の包装技術（デザイン・芸術）の展示会が催されている。最近は全国紙にのる日本文化一般の紹介記事も内容がしっかりしてきた。経済とか先端技術の面でだけ日本をとらえるのでは不充分なことが認識されてきたのだろうか。

日本に対する関心と好感はこの６月12日から14日までの皇太子殿下と美智子妃のフィンランド御訪問によって一挙にたかまった。両殿下の飾り気のない温かなお人柄、自然と音楽を愛される御二人の今回の訪芬が文化交流に重点をおかれたものであったことなど、フィンランドの人びとの心にともした親愛感の大きさはかけがいのないものであろう。両殿下はシベリウスのアイノラ、作曲界の長老コッコネン宅、そして毎夏オペラ祭の催されるサボリシナ市などを訪問されたが、「アイノラでは、シベリウスの『樹の組曲』の中の『ピヒラヤの花咲く時』、あのピヒラヤの花がちょうど咲いておりました」とうれしそうに話された妃殿下のお顔が忘れられない。皇太子殿下は私の名をお聞きになると「あ、美智子がよくあなたのことを話しています」と仰せられ、美智子妃は私が11年も前に「フィンランド・ピアノ名曲選」のレコードアルバムに書いた文章のいくつかの部分を覚えていてくださって、お口にされた。それだけでも私は御二人の大ファンになってしまったのである。

自然の音を大切にしたシベリウス

さて今回はシベリウスの中期のピアノ曲について、第6章の続きを書いてみよう。今回は、1912年作曲の「3つのソナチネ」、14年作の「4つの抒情的小品集」、16年作の「花の組曲」などについて書くことにする。いずれも「ヨーロッパ古典的様式期」に属するもので、簡潔で透明な書法は前回に紹介した諸作品と共通であり、音は少ないが内容は非常に充実している。

作品67の「3つのソナチネ」はどれも8頁から10頁、演奏時間6~7分の短いものであるが、音楽的内容の凝縮度は高く、気品を備えた名品である。ケンプ、ギリレス、グールド、オグドン等名ピアニストたちも愛奏した曲で、日本のピアニストたちにももっととりあげて貰いたい。3曲ともマルタ・トルネルという女性にささげられているが、この人はシベリウスの娘たちのピアノの先生だったということしか分っていない。

シベリウスには６人の娘があったが、そのうちのひとりキルスティは１９００年に幼くしてチフスで死んだ。ほかの５人の子どもたちは学校に通わず、アイノ夫人が家で教育したのだという。５人の子どもと同じ屋根の下で作曲に精神集中するのがどれだけたいへんであったか想像にあまりあるが、作曲中は絶対的な静寂を要求された家族の者たちもたいへんであったろう。外国での自作指揮演奏旅行から帰ったときなど、シベリウスは自分が家族の皆にとって邪魔になること、そしてもっと悪いことには、妻や子どもが自分の創作活動の邪魔になることを嘆いている。しかしシベリウス家では父親の創作活動が至上のことであり、アイノ夫人は数えきれぬ苦労を認めながらも、シベリウスの巨大な精神を身近に受けとめられる喜びの大きさを感謝している。

創作に没頭しているときのシベリウスは楽想が次から次へと溢れでて、昼も夜もそれから離れることができず、楽想の多すぎること、それをいかに凝縮して１音たりとも無駄のない作品に練りあげていくかが悩みだったという。３曲のソナチネも実に簡潔で自然で、楽々と今生まれでたばかりのような新鮮な音楽だが、安易さやマンネリズムとはまったく無縁で、選びぬかれた少ない音が光っている。

シベリウス夫人と子どもたち

シベリウス夫妻と長女（1915年）アイノラにて

室内

晩年のシベリウスは「アイノラでは静寂が語る」と言っているが、彼の音楽も若いときの情熱的で音の厚いものから、少ない音で広い空間に、静寂に語らせるものになっていくように思う。彼が日本の石庭を見たら、何と言っただろう。身のまわりの音に彼がどれだけ敏感で、自然の音を大事にしていたかの一例だが、アイノラにはついに彼の死まで水道をひかせなかったという。水道の音を嫌ったからだそうで、雨樋もそういえば、ブリキに雨の当たる音を嫌って木製に換えさせたのだった。

3曲のソナチネの、特に第1番と2番には私なら「パストラル」という名をつけたい。第1番は早春、2番は初夏の北欧の雰囲気を伝えているようだ。

「第1番」は嬰へ短調と記されているが、タヴァッシェルナ教授はイ長調だと言う。第1楽章の冒頭は長調で終わりは短調、第3楽章は嬰へ短調で始まり嬰へ長調に終わる。明暗が微妙に織りまざり揺れ動き、長短どちらとも言えぬところが北欧の早春の光のようですてきだと私は思う。少し長いが第1楽章の第2主題が出てくるまでをのせておく〈譜例52〉。

第1、2両主題ともごらんのように単音で提示され、下降的な音型という点で共通性がある。第1主題は3連音符により弾みを与えられているが、これはシベリウスが好んだやり方で、彼の作品中にしばしば見られる（6月号の譜例50「旋律的瞑想」参照。同譜例39「3月の雪の上のダイアモンド」のピアノ・パートにも同じような形がみられる）。第2楽章はLargoで、中音域から下で深く息の長い旋律が歌われる。重くメランコリックな旋律は音域の広く厚い和音に支えられて、讃歌のように響くが、北国の冬空の灰色で重苦しい雰囲気も漂わせる。

第3楽章は再び薄い響きで、終始2声である。右手のきざみに乗って左手にほの暗い旋律が流れるのが、森の中を雪どけの水がちろちろと流れる情景を想起させる。第2楽章が凍って動きのとまった冬の日のようであるので、第3楽章の8分音符の動きに、よけい雪どけのときの開放感を感じるのかもしれない〈譜例53〉。

「ソナチネ第2番」はホ長調で、全曲を通じて明るい喜悦感に溢れたすてきな曲である。第1楽章は終始よびかわし、こだまするようなカノンで書かれ、光輝く初夏の野を、とんでいく少年と少女のように初々しい〈譜例54〉。第2楽章では左手でチェロの旋律のように、いかにもシベリウス好みの息の長い歌が奏でられる〈譜例55〉。ここでは人と自然が一体に溶け合って響いているようだ。第3楽章は明るい民族舞踊、夏の野の踊りのようだ〈譜例56〉。しかしただ明るいだけでなく、北欧的な憂愁も一瞬影をおとし、微妙な光の層を加えている。

「ソナチネ第3番」は変ニ長調であるが、全体としてむしろ短調のような暗さが強く、3曲中ではいちばん複雑な、心理的なひだを持っている。前2曲がはっきりと旋律的な特徴を持っていたのに対し、短い動機が大事な役割をして全曲を統一している。第2、第3楽章がひとつの楽章のようにまとめられている点なども、シベリウスの後年の「交響曲7番（単一楽章）」への探索の道程のように思える。曲中一部に葬送行進があらわれるなど、謎めいたソナチネである。楽譜はFazerとBreitkopfからそれぞれ、一曲ずつ出ている。

作品74の「4つの抒情的小品集」は「牧歌」「おだやかな西風」「踊り場にて」「ふるさとにて」の4曲からなり、絵画的な題が付されていること、比較的音も多くて、印象派的な色彩感もあることなどが、「古典的作風」の時期としては多少異色であろう。シベリウスは1909年のイギリス訪問時に、ロンドンでドビュッシーに会っているが、14年にベルリンで当時の名ピアニスト・ルドルフ・ガンツの弾くドビュッシーの作品に触れて、印象派への興味をまた新たにしている。「第4交響曲」に代表される彼の「暗闇の時期」を脱して、心が外に開かれて、新しい響きへの関心が示される。作品74はその14年の作品である。「牧歌」はエオリアン旋法で書かれ、古代的な静かな哀感を湛えた佳品〈譜例57〉。第6章で紹介した「ハープ弾き」〈譜例48〉と非常によく似ているので参照していただきたい。「牧歌」からドビュッシーの「6つの古代墓碑銘」を想像するのも容易である。「おだやかな西風」は4曲中、あるいはシベリウスの全ピアノ作品中もっとも印象派的な色彩濃いもので、技術的にそれほど難しいわけではないが、ピアノの全音域を駆使したピアニスティックな曲である。ドビュッシーの「西風の見たもの」のように激しくはないし、「水の反映」のように多彩な色はないが、この曲を弾くとき、私はいつも湖面を漂う優しい風、その風によって起されるさまざまな風紋を想起する。水の動きにより、見えない風が見えてくるように、この曲も暗示的であって、直接にさまざまな色や形象を見せるわけではない。

「踊り場にて」はむしろ「ダンス・ホールにて」と訳すべきかもしれない。事実フランス語の題はAn bal populaireと、大衆的というニュアンスを含んでいて、ダンスホールという安物の香水や汗のにおい、ひとつ垢ぬけないドレスの色彩を連想させる言葉が正解かもしれない。私はこの曲を弾くたびに「俺は田舎のプレスリー」という言葉が、どういう訳か頭にちらつく。マンボずぼんをはいて、リーゼントの髪を安物のポマードでぎとぎとに光らせて妙に肩で風を切って踊っている、どことなくなつかしい光景が想い出される。曲頭を譜例としてのせておく〈譜例58〉。あまりスマートにではなく、かっこうをつけて、でもどことなくぎくしゃくと角ばって野暮ったく弾いてほしい曲だ。

最後の曲「ふるさとにて」はダヴァッシェルナによれば、ドナウ河畔の古都への愛着のあらわれだそうだが、甘美なワルツで書かれている故、ウィーンのことであろう。一方シベリウスの死の数年前にアイノラを訪れたケンプは「ここの雰囲気は『ふるさとにて』という曲を想い出させます」と言っている。この曲のタイトルはドイツ語ではIm al ten Heimとなっている。曲中もっとも甘美な部分をのせておこう〈譜例59〉。たち上がりの一拍が嘆息のように空白になっていること、旋律の終わり、というよりは次の旋律への流れこみがSmorzando（消えていくように）となっているのがにくらしい。

楽譜はBreitkopfから、レコードはBisからタヴァッシェルナで出ている。「牧歌」と「おだやかな西風」はシャルキエヴィッチの演奏でフィンランディア盤（ＦＡ８０４）に含まれており、アジア・レコード（電話０３・３９８・５２３２）に頼めば取り寄せてもらえる。舘野泉により本年４月アジア・レコードに録音されたものも、近い将来出ることになっている。

「花の組曲作品85」の、本来のタイトルは「ピアノのための5つの小品」であり、「花のスケッチ」と副題がついている。１９１６年の作であるが、その前年に彼は50歳となり、晴朗な名作「第5交響曲」を完成している。「第5」の創作中の日記にシベリウスは、アイノラから見おろせるトウースラ湖から、たくさんの白鳥が青空に舞いあがるのを見たときの感動を記している。「今日11時10分前に16羽の白鳥を見た。大いなる感動!! 神よ、なんという美しさだろう! 白鳥は長い間私の頭上を舞っていた。輝く銀のリボンのように、太陽のもやの中へ消えていった。声は鶴と同じく吹奏楽器のタイプだが、トレモロがない。白鳥の声はもっとトランペットに近い……小さな子どもの泣き声を思わせる低い繰り返し。自然の神秘と人生の苦悩……長い間、真の感動から遠ざかっていた私に、これはおこるべきであった。つまり、私は今日聖なる殿堂にいたのだ。１９１５年4月21日。」祝典的な晴れやかさをもつこの交響曲には「白鳥」の名こそふさわしいものであろう。シベリウスにとって、自然の神秘が年とともによりいっそう大きな意味を持つようになってきたことも感じさせる。

巨匠の50歳の誕生日を祝ってフィンランド国民がお金を出しあい、スタインウェイのグランドピアノを贈ったのも、当時のフィンランドの状況、シベリウスの存在の意味、そして皆がお金を出しあって選んだお祝いの品がピアノであったこと、いろいろ考えあわせるとすばらしく感動的なことである。フィンランド全体が音楽を通じて一体となり、響きあいこだましあっているような感じがする。そのスタインウェイは今でもアイノラにあり、私も何回か演奏する倖せを得たが、非常に美しい響きを今も保っている。

この楽器で最初に書かれたピアノ曲が「花の組曲」であり、たとえば第1曲「ヒヤシンス」での高音域の明るくはずんだスタカットに、あるいは第2曲「カーネーション」の甘美な旋律とここちよく流れ続ける左手に、作曲者が新しい楽器のすばらしいタッチを楽しんでいる姿を想像することは容易であろう。シベリウスのピアノ曲は必ずしもピアニスティックでなく、むしろ楽想が先行してピアノ書法は不器用というか、すぐには自然に響いてくれないところがあるが、前記の2曲は明らかにピアノに触発されて書かれたというよりはピアノの中からこぼれでたというくらい、楽々と自然なたたずまいを持っている。「ヒヤシンス」「カーネーション」ともに曲頭の部分をのせておこう〈譜例60・61〉。

1985年6月19日　パイヤラ村にて

6月初旬のヘルシンキ。新緑と白鳥（上）ヘルシンキのポプラとタンポポ（下）

第9章　「貨物列車」の夏の日々

6月の初めから、中部フィンランドの湖岸にある小さな田舎の村で暮らしている。ヘルシンキから北に250キロほど離れたパイヤラ村で、森の陰にぽつんぽつんと、それぞれにかなり離れて小さな家や牧場が点在しているだけなので、どのくらい戸数があるのか分からないが、店などは1軒もないし、道で人に出会うこともほとんどない。ひっそり静まった村道に陽があたり雨が降り風が吹き、時が過ぎていく。いちばん近いバス停まで3キロ、商店や郵便局、銀行などのある町までは10キロ、酒の専売所のあるもう少し大きな町、ヤムサまでは30キロ離れているので、私たち家族のように自動車を持たぬ身には少々不便である。

1週間に1回、日常必需品や食品を積んだ移動スーパーが村々を巡回にくる。その日は小さなお祭みたいなものである。子どもたちも飴やアイスクリーム、チョコレート、漫画雑誌などを買ってもらえるので、その日は朝からはしゃいでいる。湖周60キロある村の道の、2軒か3軒家のかたまっている所で移動スーパーは必ず停まるから、そこが村人たちの井戸端会議の場にもなり、天気や農作物の話はもちろん、噂話にも大いに花が咲くのである。私のような外来者には、この土地ではどんな樹の苗をいつ植えたらよいかとか、湖のどこでどんな魚がいつごろ獲れるかとか、貴重な情報が得られる場でもある。噂話が大いに弾んだころやっとバスが来て、「やれやれこれでやっと金とも縁が切れるわい」と隣の爺様がよたよたと立ち上がり大笑いになった皆の耳に、つけっ放しになったバスのラジオから、「政府は来年度のインフレ上昇率を6%以内に押さえる方針です」とニュースを読む声がそらぞらしく通りすぎていった。

この村にはタクシーが2台ある。人家のまばらなこの地方ではタクシーの役割もいろいろで、小学校の生徒たちの通学の送り迎えから、新聞や郵便の配達まで彼らの仕事である。週に1回、村人たちはバスの料金でいちばん近い町までタクシーを利用できるし、これも週に1回、私たちの別荘の近くからヤムサの町までバスが往復し、普通のバス料金の半額で利用できる。こういったことはすべて郡からの補助でまかなわれている。

フィンランドでは5月末から8月中旬まで各学校とも夏休みに入る。シベリウス・アカデミーの場合は9月初旬までが休みである。音楽界も5月末で春のシーズンを終わり、各オーケストラも8月中旬までは夏休みであるので、6月から8月半ばまではシーズン・オフとも言えるが、フィンランドではこの期間に各地で数十の音楽祭や夏期講習会があるので、音楽家や音楽学生たちは各地を転々として演奏したり教えたり、武者修業を積んだりするわけである。

私自身も長いことそんな生活を続けてきたが、昨年夏からほとんどいっさいやめて、夏の2カ月余りは家族とともにパイヤラ村で暮らすことにした。ひとつには永年の念願がかなってこの村に別荘を得ることができたからだが、シーズン中は演奏旅行が多くて、ときには1年の半分近くを家族と離れて生活することもあるので、夏ぐらいは家族といっしょにゆっくり過ごしたい、それにシーズンが始まってしまうと演奏して回るだけで、新しいレパートリーを開拓する時間もまったく無くなってしまうから、夏休みを1年分の曲目の勉強時間にあてたいというのが願いだった。夏の音楽祭に参加すると、それに附属した夏

別荘に来るスーパー

郵便箱

期講習で教える義務も生じて、ひとつ所で2週間位おおぜいの人間と顔をつきあわせていなければならない。それも私には苦痛なので、仕事はしないから当然お金は入らないわけだけど、静かな田舎で貧乏暮らしをしていたほうがよい。

ずいぶんのんびりと優雅な生活ですねと言われそうだが、料理店が店をあけていないときは早朝から材料の仕入れに出たり、料理の素材を整えたり、かえって店をあけていない目に見えないときのほうが忙しいのと同じで、演奏家も仕込みがたいへんなのです、と説明しているが、なかなか分かって貰えないようだ。何はともあれ静かな自然の中でゆっくり勉強ができて、私にとっては理想的な生活であることは確かだが、こうなるまでには演奏家として自立して生活を始めてから25年かかった。そしてフィンランド政府からの10年間の芸術家年金がなかったら、今でもやはり夏の間じゅういくつもの音楽祭や夏期講習に参加して、生計をたてるのに腐心しなければならなかっただろう。年金といってもとてもそれだけで生活できるような額ではなく、毎月の家賃を払うと手元に残るのは円に換算して4万円ほどしかないが、それでも生活の底辺を保証されていることが、どれだけ演奏生活という非常に不安定な、いわば水商売的な危なさに大きな支えを与えてくれていることか、感謝しきれない思いである。

手を使うのが大好きだ

昨年の夏はこの別荘を得るために、生まれて初めて銀行の頭取さんという偉い方に頭をさげて借金した。自分の家もなくて借家住まいをしているのに別荘を買うのですかと知人たちには笑われたが、妻のマリアも私も、夏の間自然の中で生活できる場を確保することが大事と、一点の迷いもなかった。日本と北欧では自然も生活環境もだいぶ違うから分かりにくいかもしれないが、北欧では戸外に出て日光をとれるのが短い夏の間だけであること、夏になると人びとはそれぞれの別荘とか外国に出かけてしまうので街はがらんとしてしまい、子どもたちは遊び友だちもなく家でごろごろして親を悩ませるか街をうろつくことになってしまうので、そんなことからもサマーハウスが必要になってくるのだ。これまで私たちは毎夏音楽祭から夏期講習、知人やマリアの親戚の別荘から貸し別荘へと宿借り生活をしてきた。今ここパイヤラ村で子どもたちは毎日湖で泳ぎ、魚を釣り、裸足で土を踏み、蛙やとかげを追い、水鳥に餌をやり、木を切りサウナを温め、馬鈴薯や葱を植え、野の花や野いちご、ブルー・ベリーなどを摘み、茸をさがし、自分たちの手と足で土や水や木に触れ、自分たちの手を使って生活している。手を使うということは、人間が人間らしくあるためにとても大事なことだと私は思う。私は手職人が好きだし、ある意味でピアニストも手職人だと思っている。私は自分の手が好きだ。

別荘などというとひどく晴れがましいけど、村人たちの間では私たちの別荘は通称「貨物列車」で通っていることを、ある日タクシーの運ちゃんが口をすべらせてしまった。そもそも持ち主の画家夫妻が30年ほど前に婚約したときに、ありあわせの材料で自分たちの手で建てはじめ、少しずつお金もでき家族が増えていくにつれ、継ぎ足して建てていったので、横に長く、画家のアトリエという意味もあったので、やはり風変わりで普通の別荘という感じではない。画家夫妻の絵が売れだして、彼らは別な所にりっぱなアトリエを建てて移ってしまい、「貨物列車」は何年も吹きさらしにほうっておかれたので、柱も床も腐ってしまって、押せば倒れる雨は漏るという有様だったから、私たちは自分で屋根も直したし壁も塗りかえた。なるほど「貨物列車」か、いい名前じゃないかと、実はこの名前が気にいっているのだ。ぼろな「貨物列車」だけど、自慢なのは敷地の中に70本近い白樺の樹があることと、泉が湧いていることである。だから名前を「泉荘」にしたら？とマリアが言うが、「泉荘」では貸しアパートみたいだし、くらげの逆立ち見たいな感じがなきにしもあらずだから、「俺は音楽貨物列車の運転士のままでいいんだよ」と言っている。

シベリウスの中期のピアノ曲はどこに行ってしまったのだろう。私の書くことは脱線ばかりしていけない。これでは貨物列車さえ運転できないのではないか。今回はシベリウスの「花の組曲」や「樹の組曲」にあわせて、フィンランドの夏の風物のすばらしさについても書くつもりだったのに、そのスペースもうなさそうだ。急いで先に進むことにしよう。

白夜の薄明に漂う夏の香り

前回「花の組曲」の最初の2曲、「ヒヤシンス」と「カーネーション」について記した。後で気がついたのだが、ヒヤシンスはフィンランドではクリスマスの花のひとつである。愛らしいヒヤシンスの姿と重なって、クリスマスを迎えるうきうきした気分、子どもたちのはしゃぎようなども、この曲から聞こえてくるようである。

第3曲は「あやめ」〈譜例62〉。水面からすっくと高くのびた茎の上に咲くあやめの姿は誇らしく華やかであるが、一面醒めた寂しさを感じさせる。この曲ではその矛盾したような姿がdiciso（きっぱりと）、dolce（優しく）、あるいははでやかな32音符のパッセージと多くの沈黙の同居する中に不思議な調和を持って描かれている。全体が水をとおした冷た

白樺林

仕事をするタテノ氏

い光に包まれた風景のようである。

第4曲「金魚草」では右手で奏されるのびやかな旋律が美しく、左手の和声の細やかな変化が微妙な光と影の戯れのようである。

第5曲は「釣鐘草」〈譜例63〉。フィンランドの野と森に7月も半ばを過ぎるころから「猫の鐘」「かささぎの鐘」そのほかりんどうのように寂しい色をした花が咲きはじめ、短い北欧の夏が秋に落ち込みゆくことを告げる。この曲では野を一面に埋めた釣鐘草が風にそよぎ、青や紫の花びらが微妙な光を反映させながら秘めやかな鐘の音を響かせているようである。野一面の花と鐘の響きなのに、何とも言えない謎めいた寂しい雰囲気が漂っている。

「花の組曲」より2年前の1914年に「樹の組曲」作品75が作曲されたが、これはさりげなく簡潔な書法の中にみずみずしい叙情を湛えた名品である。

第1曲は「ピヒラヤの花咲く時」。ピヒラヤは日本では東北、北海道、あるいは高原に生育するななかまどのことで、南フィンランドでは夏至の頃に白い房のような花を咲かせる。白夜の薄明に漂う強い野性の香り、まぎれもなく待ちこがれた夏の香りなのに、とらえようとすればはかなく消えてしまう。すべてが予感の世界で揺れているような趣が、絶えまない転調と変拍子によって描かれる前半〈譜例64〉、後半はそれと対照的に安定した調と拍子の中で低音域に移された歌がほの暗い雰囲気を漂わす〈譜例65〉。前半は重力を感じさせないように浮かせたタッチで、後半は深く柔らかい丸みのあるタッチでと弾きわけてほしい。

第2曲「孤独な松の木」では大地にしかと根を張り、力強く堂々と枝を伸ばして天にも届けとそびえたっている松の木の姿が、男声合唱を想わせるような朗々とした響きで描かれている。

第3曲は「はこやなぎ」。これは英語名では「ぶるぶる震えるポプラ」、日本では別名「山鳴」とも呼ばれる樹で、その丸みを帯びた柔らかな葉はわずかな風のそよぎにもさわさわと独特な音をたてる。この曲では白夜の薄明にそよぐ山鳴のささやきに、何かの予感に震える作曲者の心が重なっているようである。

第4曲「白樺」では若く美しい娘のようにしなやかに優しい白樺の姿が、弾み、こだまするような躍動感で描かれている〈譜例66〉。左手の響きは初夏の野に森に明るく響き渡る鐘のようである。明るい前半とは対照的に後半はmisteriosoと指示され、何やら謎めいた光のもとで鳥たちは声をひそめ、世界は不思議にひっそりとした空気に包まれる。そして白樺の木立を通って、遠くから風のまにまに民謡の一節がきれぎれにただよってくるようだ。

Misteriosoの雰囲気は第5曲「もみの木」につながっていく。ここには死に対する甘美な憧れのようなものがあるかもしれない〈譜例67〉。Con suono（夢見るように）という指示もそれを暗示しているようだ。黒々と深いもみの森は、その奥に何を秘めているか分からない不気味さがある。この曲はフィンランドでももっともポピュラーなもののひとつで、しばしば単独でも演奏される。楽譜は「花の組曲」「樹の組曲」とも全音楽譜から出ているシベリウス・ピアノ・アルバムに収められており、自分が編集したから言うわけでもないが、これはとてもすてきなアルバムである。ピースもので買いたければ、ヤマハを通してFazer版が入手可能である。レコードは東芝から舘野泉の演奏で、また両組曲のそれぞれ一部がFinlandiaのシャルキエビッツ盤（FA804）に入っている。FA盤はアジア・レコード（03－398－5232）を通じて取り寄せることができる。

1912年に作曲された「2つのロンディーノ作品68」もすてきな曲なので、ぜひ皆さんに演奏していただきたいものだ。ゆるやかでメランコリックな第1曲〈譜例68〉、雪の野にちかちかと星が降るような冷たいきらめきの第2曲〈譜例69〉、2曲続けて弾いてもコントラストが鮮やかでよい。楽譜は2曲ともUniversalから出ている。レコードは東芝の舘野

別荘の船着場

泉盤に2曲、前記FA804盤に第1曲のみ入っている。

ピアノ独奏曲ではないが、中期の作品では「ヴァイオリンとピアノのためのソナチネ作品80」も清新な叙情を湛えたすてきな作品だが、なぜ日本では演奏されないのだろう。シベリウス自身はこの曲について幼年時代の思い出につながると述べていて、「星が、そんなにもたくさんの星が降る」と言っている。

1985年7月19日　パイヤラ村にて

第10章　ピヒラヤの実が色づくとき

ピヒラヤ（ななかまど）の実が赤く色づきはじめ、麦の穂も黄色く、8月初旬ともなるとすでに秋の気配が濃く感じられる。野いちご（フィン語では「森いちご」と言う）の季節は過ぎ、今はブルーベリーが摘みごろだ。木いちごの熟すのも間もなくだろう。

6月の初めから2カ月余り住みなれたパイヤラ村の別荘をたたんで、8月12日にヘルシンキに引き揚げてきた。子どもたちの新学期が15日から始まるためである。長男のヤンネ・ユキは小学校4年に、長女のサトゥ・ミドリは3年生になった。15日の朝は8時半に家を出ればよいのに、2人とも6時過ぎに起きだしてシャワーを浴び髪をとかし、夏の間、村で着ていた泥だらけの服はほうりだして、さっぱりと清潔な服を着ていそいそと登校していった。2カ月半の夏休みの間、学校の仲間にも遊び友だちにも会っていないのだから、子どもたちが張り切るのも当然だろう。

親の方はといえば、いまだに田舎の自然が恋しくて、ヘルシンキの街での生活には、パックに詰められているような窮屈さを感じてしまうのである。田舎での大気の柔らかさ、水の優しい肌触り、多様な樹々の緑と咲き競う野の花、風と水の対話、光と影の変幻極まりない細かい綾、そういうものがいっさい削ぎ落とされてしまって、壁の中に塗りこまれてしまったようだ。シベリウスが晩年「人はだれでも大都会か、そうでなければ森の中で生きるべきだ」と語っていて、その声は「シベリウスの音楽」というレコード（FA003、日本ではアジア・レコードを通じて入手できる）にも収録されているが、私もほんとうにそう思う。シベリウスは40歳になるころにヘルシンキを去って以来、自作指揮のためにロンドン、パリ、ベルリン、ローマ、ニューヨークなどの世界のメトロポールを訪れているが、92歳で没するまでのほとんどの時間をアイノラで過ごした。アイノラでは「静寂が語りかける」と彼は言っている。そして彼の作曲机はトウースラ湖を眺めおろせる2階の窓辺に置かれていた。

日本のラーメン屋のありよう

今でも人口50万にすぎぬヘルシンキには真の意味での都市文化はないし、歴史と文化と人間のるつぼがもたらす多彩なスペクトルもなく、かといって自然の豊かさもない。私がこの街ばかりでなくフィンランドのほかの街々でも寂しく思うのは、街に「個人の顔」がないということである。個人商店、ブティック、家族経営のレストラン、小料理屋、飲み屋などといったものはほとんどなく、スーパーのチェーン店や大資本系列のレストランばかりで、街の表情が人間臭さに乏しいのだ。個人のくふうとか創意、努力などが街の息吹になって沸き上がってこない。どこの街でも目につくのは銀行か保険会社の建物ばかりである。

大資本が中小資本を押しつぶすというどこにもある現象のほかに、たとえばちょっと気のきいた小さなレストラン、ブティック、飲み屋などがないのは、衛生基準が猛烈に厳しい、酒の専売政策が厳格であるなどのほかに、税制が個人企業には不利にできていて、商売が成り立たないためだそうだ。この国の税制で私が理解できないのは、会社などで残業した場合、ふだんの給料にかかる税金が30%として、残業手当には一律に50%の税金がかかることである。これでは働けば働いただけ罰されるようなもので、個人の働く意欲をまったく摘みとってしまうことになるだろう。フィンランドで地方公演が1週間も続くと、私は気が狂いそうになる。前述のようにレストランはどこに行ってもチェーン店のようなかしこまったものばかりなのと、北欧には「麺」の文化がないので、無類の麺好きの私としては、旅行中に自分で作るわけにもいかないし、つまらないのである。

日本に帰ると私はまず実家のある自由ヶ丘のラーメン屋に駆けつける。私が何も言わないでも、店の親爺は湯麺《たんめん》を作ってくれる。醬油でも味噌でもなく、私が塩味一筋であるのを知っているからだ。「お帰りなさい」と言ってぎょうざの一皿をおまけにつけてくれる。それにニラレバいためと焼酎（乙類に限る）があれば、もう私は満足で幸せである。「親爺さん、景気はどう？」「いやあ、相変わらずだね」などと、何ということもないけど温かみのある話ができる。ラーメンの味自体だけではなく、こういう「ありよう」こそが、ほんとうはいちばん恋しいのかもしれない。

今夏の北欧は天候不順で、15度前後の暗く寒い日が多かった。それでも夏の日々は心に残ることをたくさん与えて過ぎていった。たとえば、ある朝、サトウがパジャマで裸足のまま、首から望遠鏡をさげて湖岸を駆けまわっている。たくさんの水鳥が来るのである。鴨に似た水鳥が生まれたばかりの雛を12羽も連れて、一列縦隊になってやってくる。だんだんと慣れて、子どもたちの手からパン屑を食べるようになる。雛を連れた親同士の縄張り争いがあったと思うと、雛たちが成長して自分たちの領分を主張しはじめる。

鈴蘭、林檎、ライラック、ピヒラヤと夏至のころに咲き揃い、村の道はすばらしい香りで充たされた。野の花も次々と咲きだし、地の底から深い色が輝きだしてくるようである。家の裏の小高い丘に登ると、そこは晴れて陽光がまばゆいばかりであるのに、数十キロさきでは空のあちこちから雨が降っているのが見える。雨音が湖のかなたから次第に近づいてくるのが聞こえ、黒い雲とともに激しい雨と猛烈な風が襲ってくる。黒雲が通り過ぎると、周囲は何事もなかったかのごとくさんさんと陽がふりそそぎ、森のかなたに巨大な虹がかかる。シューベルトの音楽が聴こえてくるように思える。一つの同じ音に希望と絶望が、喜びと悲しみが、涙と微笑が、孤独と優しさが手に手をとりあって響いているあの不思議な音楽が。

ある日には結婚式があった。「貨物列車」の前の持ち主である画家夫婦の娘が結婚するので、私たち夫婦が演奏を頼まれた。式は大きな湖の岸にある画家のアトリエに牧師が来て

湖の花嫁

花の中で

行われ、食事や音楽、スピーチなどの後で新郎新婦はボートに乗り、対岸にある新郎の家に向かった。ボートにはもちろん漕ぎ手が乗り、フルーティストも同乗して対岸に着くまで音楽を奏でたのである。来賓たちは自動車で新郎の家の桟橋まで先回りをし、そこでまた盛大に新夫婦を迎えた。木いちごをいっぱいにまぶしたケーキとコーヒー、コニャック等がふるまわれ、音楽が続き、日の暮れぬ白夜の祝宴は翌朝6時近くまで続いたのだった。

悠揚として死を迎えた友

大事な友のひとりである川澄虎雄が7月6日に死んだ。この4月に癌だと分ってから3カ月にもならぬ急速な死だった。彼は小沢征爾と成城中学の同級生で、小沢のことは「がまへいさん」と親しくよぶ仲だったから、まだ50歳そこそこだっただろう。

アムステルダムに自分の事務所を持ってデザインの仕事をしていたが、癌と判明してから死の2週間前は、奥さん（フィンランド人）の実家のあるロビーサで過ごし、そこで奥さんのクリステルと子どもふたりに見守られて静かに息をひきとった。恐れることも慌てることもなく、悠揚として死を迎えたようだ。

私は偶然用事でひとりヘルシンキの家に帰っていたときに、彼が死の床についているという知らせを受けた。クリステルに電話をしたのが7月6日。「もう2日前から食事はとらないし、何の反応もなく眠っている。あした、弟の英雄さんが日本から着くので、虎雄はそれだけを待っているのではないか」ということだった。電話を切ったころ、激しいにわか雨が通りすぎたと思うと、またみるみる青空が広がっていった。私の机の前の窓に小鳥が来て、私をのぞきこむように危なっかしく止まった。なぜともなく、彼は死んだと思った。

川澄が息を引き取ったのは、私が電話をしてから30分位後のことだった。死の報知を受け、広い空間にほうりだされたようで、頼りなくやるせなかった。頭の中をさっきからごうごうと何かの調べが吹き抜けていく。それはもう何年も聴いたことのないソニー・ロリンズの演奏している「It's allright with me」だった。やり場のない怒りと悲しみが太いテナー・サックスで怒濤のように轟いて嵐のように去っていった。

7月7日と8日、私は北極圏に近いクーサモでリサイタルをした。雄大未踏の自然で有名なこの地方の壮麗な青、湖の壮絶な藍、ガラスのように透明な空気と光の輝かしさ。神の掌の上にある地とたたえられるのも当然と、息をひそめた。小さな街だが熱心な音楽協会があり、市長さんが理解のある人でスタインウェイのフルコンサートを購入してくれたのである。私のリサイタルはそのピアノびらきだった。曲目はシベリウスの「樹の組曲」、シューマンの「幻想曲ハ長調」、それにムソルグスキーの「展覧会の絵」だった。

南フィンランドより半月以上遅れて、ちょうどピヒラヤの花が満開であり、ステージには「樹の組曲」にちなんでピヒラヤ、はこやなぎ、白樺などが飾られて、すがすがしい初夏の雰囲気が漂っていた。

私は、今日は川澄のために弾くのだと思った。私たちはお互いに知らず、同じころにヨーロッパに憧れて、あるいは放浪する孤独な魂の命ずるままに異国にとびだし、人生の大半を外国で過ごしてきたのだった。私はだから、彼のことが他人ごととは思えないのだ。悠々と静かに死を迎えた彼は、その死によって私にたくさんのものを与えてくれた。彼の教えてくれたことを、私はこれから思い続けるだろう。死者の語ることが分る年齢に私もそろそろ近づいてきたようだ。モーツァルトやシューベルトはそのようなことが生まれる前から分っていたに違いない。

クーサモでの演奏会は、終わってから音楽協会の人たちが私をとりまいた。だれも何も

クーサモ真夜中

シベリウスの生まれたハー
メリンナにある中世の古城

言わない。黙って手を固く固く握りしめるだけだ。だれかの頬を幾筋かの涙が静かに流れた。私は信仰は持たないが、このとき確かに私たちは神の掌の上にいるのだと思った。私たちはそれから市長さんをまじえて、真夜中の太陽を見に行った。

クーサモから一度別荘に帰り、7月12日に川澄の葬儀でロビーサに行った。壮麗と言えるほど美しく晴れわたった日で、森に囲まれた新しい墓地は爽やかな空気に満ちていた。この澄みきった静かな地で川澄が眠りについたことは、彼にふさわしくてよかったと思った。教会専属のオルガニストが登場し、私を見て一瞬「まさか？」という表情を見せて真赤になった。気の毒なことにすっかりあがってしまって、バッハのコラールを演奏したが、ミスだらけのれろれろ演奏になってしまった。川澄も苦笑しながら「まあお前さん、しっかりやってくれよ」と言ったことだろう。彼はそういう余裕のある男だった。

場所をかえてコーヒーがだされ、私はシベリウスの曲を4曲弾いた。川澄がいちばん好きだったのはショパンで「ああいう精神的貴族はな、お前、日本じゃ生まれないんだ」というのが口癖だったが、シベリウスやメリカントも好きだった。彼は生涯に20数点の絵を残しているが、そこには彼の深く孤独で優しかった魂が輝いていると思う。私はいつか、彼の絵を並べた所でコンサートができたらな、と思う。

演奏会の曲目づくり

パイヤラ村の別荘に移る前に、私はこの秋から来年春にかけてのレパートリーを考えるのに、ずいぶん頭を悩ませた。曲を指定されたコンサートも多いし、この数年弾き続けてきた曲目を中心にしたコンサートはたくさんある。そういうのは問題がない。そうではなくて、私の中に今生れ育ちつつある何かがあるのだが、それが何であるのか、演奏家として具体的にはどのような作品を選ぶかということで、心の中のものが出口を見つけて育っていくようにしなければならない。それが何であるか長いこと分らなかった。とりあえずは今年の10月29日に、東京文化会館での自主公演で弾かれるべきものであり、それ以後も私の人生の中で永く響き続けるものである。

9月21日にヘルシンキで自主公演をするが、その曲目はかなり前からはっきりしていた。ベートーヴェンの「ディアベリ変奏曲」とシューベルトのソナタ・ハ短調（遺作）であり、これらは以前から持っていたレパートリーなので問題なかった。ある作品を演奏することは、あくまでその作品の精神、音楽内容を表現するのが第一義であるが、しかしその作品を通じて演奏者の自己の確認、拡大という精神作業が行われるのも事実である。自主公演というのはそのためにあるといっても過言ではないだろう。

長いこと迷った心の焦点がある日突然ぴったりとあって、ああこれが自分の求めていたものだとはっきり分った。シューベルトとドビュッシーだった。なぜだか理由は説明できない。理屈ではないのだ。しかしなぜシューベルトとドビュッシーなのか、今回の原稿ではそれをずっと説明してきたような気がする。

10月29日、東京での自主公演の曲はドビュッシーの「前奏曲集　第2巻」とシューベルトの「ソナタ・変ロ長調（遺作）」にきめた。ほかのいくつかのコンサートではシューベルトの「即興曲作品142」4曲とドビュッシーの「映像　第1集」、それにグラナドスを弾く。名古屋ではヘルシンキと同じ曲を弾く。

日本では10月12日から11月24日まで、各地で演奏し、その間北京と上海にも演奏に行く。前記の曲以外では「展覧会の絵」「謝肉祭」やショパンの「ロ短調ソナタ」、それにベートーヴェンの「ピアノ協奏曲第4番」などのほかにショパン、リスト、ラフマニノフ、ファリャ、シベリウス、カスキ、パルムグレンの小品など、全部で70曲ほどは弾くことになるからたいへんだ。

それとカレワラ150年祭にちなんでフィンランド文部省派遣によるコンサートを東京（10月21日）、札幌と旭川（11月11・12日）でするが、内容は「カレワラ・ロマン主義とフィンランドの音楽」と題して、これまでの連載でも紹介してきたビューストレーム、リタンデル、フロディン等のピアノ曲にシベリウス初期の作品からソナタ、組曲「キュッリッキ」および「6つのフィンランド民謡の編曲」などを演奏し話もするつもりでいる。

この夏はクーサモでリサイタルをしただけで、後はパイヤラ村でゆっくり秋のレパートリーを準備することに費やした。こんなにゆっくりしたことは初めてである。時間は充分にあったが、なにしろ膨大な曲の量で、中には初めて手掛けるものもいくつかあったから、総体的な輪郭をつかむことだけで終わってし

鯉のぼりをおろすと夏の暮らしも終る

まった感じもある。煮詰めはこれからである。すごく忙しいことになるが、慌てずに10年さき、20年さきのために、ゆっくりひとつひとつ仕上げていく。

こちらの習慣では別荘に持ち主が滞在している間は旗竿にふきながしをかかげておく。たいていはフィンランド国旗の青と白の2色である。我が家では親2尾子2尾の鯉のぼりをあげておいた。8月12日にそれを降ろしたときは、やはり大いなる季節が、あまりにも短すぎる夏が去ろうとしているのだと感慨を覚えた。天候には恵まれなかったが、よい夏だった。シューベルトとドビュッシーの音楽が光と風と波の中に常に聴こえていた。

悪いことといえば、蚊と蠅が猛烈に多かったことぐらいだろうが、田舎ではしかたのないことだ。しかし白夜のロマンも蚊の大群に襲われては形なしだし、夜は夜でたくさんの蚊や蠅がうるさくておちおちと寝られもしない。ああ、ああ、せめてこのくらいの数が〝ショパン〟の「私の好きなピアニスト」に投票してくれたらなあ、などと俗念に身をさいなまれ、苦しく寝返りをうった夜々の幾夜ありしことか。

1985年8月23日　ヘルシンキにて

秋

AUTUMN
1985.9→11

秋風は北極海のにおいがする

秋景色

北極圏に近いクーサモの秋景色(9月中旬)

秋の市場、茸やベリ類が豊富に…

秋の市場

名物ざりがに料理

練習のあいまに、食事をつくる

秋の台所、茸類を乾燥させる

シベリウスのピアノ（アイノラ）

第11章　土の香りのする野菜の手ごたえ

この夏のフィンランドは天候不順で暗く寒い日の連続であったが、新学期が始まり秋の気配がそろそろ濃く漂いはじめる8月中旬ごろから、すばらしく晴れ渡った美しい日々が続き、これで未練なく長く厳しい冬を迎える心の準備もできたような気がする。我家から歩いて10分とはかからない港の市場に行くと、屋台には茸やベリー類が盛り上げられて、森の香りを一面に漂わせている。ひと口で食べられるくらい小さな国産の林檎も屋台を飾っている。人の手が加わって大きくみごとだけれど何となく弱々しい日本の林檎と違って、こちらのは小さいけれど野性の強さ、純粋さがあって私は好きである。

毎日の激しい勉強の合間に港まで散歩してくるのが、とてもよい息抜きになる。ただぶらぶらしてくるだけでもよいし、新鮮な魚や野菜を買うのも楽しみである。

私は果物を見ても、整いすぎた美人を見ているようで、あまり感興が湧かないが、野菜にはあきがこない。野菜はひとつひとつが違っていて、土の香りというか強さがあって、飾らない手ごたえが確かに感じられるのがよい。

市場の女の売り子たちを見るのも実は楽しみである。男が屋台の前に売り子として立っていると、何となく所在なさそうで表情と精彩に乏しいが、女たちの表情はいきいきとして身のこなしもすばやい。若いのもいるし年寄りもいる。決して美人とはいえない凹凸顔がほとんどだが、瞳がきらきらして、身体全体から生気を発散させている。そういうときの彼女たちはセクシーですらある。友だちに話したら「要するにお前は芋姉ちゃんが好きなんだよ」と言われてしまった。

まだひとりでいたころ、市場で野菜や魚を買ってきては眺めて楽しんだ。あのころはまだ料理もじょうずではなかったし、何というか夢の中で生きていたから、野菜なども眺めているだけで満足だった。

ある日市場でちょっと変わった茸を見つけたので買いこみ、それでソースを作ってステーキを食べようと意気ごんで準備しているところへマリア（現在のかみさん）が遊びに来た。俎板《まないた》の上の茸を見るなり彼女は顔色を変えて、それが毒茸であり、料理する前に2回熱湯を通さないといけないことを教えてくれた。危ないところだった。女房に頭があがらないのは、命の恩人になられたそのときからであるようだ。

前章でヘルシンキの町への不満を書いたけれど、秋風の吹き抜けるころのこの町はやはりとても風情があって、何かの予感に充ちていて好きである。それにしても寒くなってきた。霜のおりる朝も珍しくはなくなってきたし、そろそろ手袋も必要だ。

数日前に10歳になる長男のヤンネと散歩に出て、手が冷たくなってきたのである店に入った。店の中でちょっと暖まろうと思ったのだ。パン屋だった。「あらしばらく。ずいぶん長いこと見なかったけど、どこか外国にでも演奏旅行してたの？」と華やいだ声が響いて、これはファンである店員のおばさんだった。ヤンネを見て「あら、あなたにこんなに大きな息子さんがいたの」と目をくるくるさせながら、カウンターからチョコレートを2枚とってヤンネにくれた。パンを包みながら女の店員たちがちらちらと息子の顔を見て「いい男だね、惚れぼれするね」と言いあっている。私もなんだか10歳に戻りたくなった。

それはともかくどこに行っても、思いがけないところに、たとえば肉屋、写真屋、洋品店、銀行、雑貨店などにも音楽ファン、舘野ファンがいて「この間ラジオで聴いたよ」と

ヤンネ

ヤサイ市場の娘

か「この次のコンサートはいつ?」とか声をかけてくれる。音楽が生活の中に定着していることを感じさせるとともに、小さな国に住んでいる家庭的なよさというものも暖かく身に沁見る。

1日に5時間の練習

夏の音楽祭ラッシュも過ぎ、ヘルシンキでは秋のシーズンが静かに始まっている。どういうわけか9月はピアノが多くて、フィンランド勢はもちろん、私がリサイタルをした9月21日を含む週にはギレリス、ポゴレリッチも演奏した。私のリサイタルはシューベルトの「ソナタハ短調」(遺作)とベートーヴェンの晩年の大作「ディアベリ変奏曲」(演奏に約55分かかる)であったが、ギレリスは同じベートーヴェンの「ハンマークラヴィア・ソナタ」を、そしてその少し前にはフィンランドの中堅ピアニストのひとりが「エロイカ変奏曲」と「ソナタ第32番」を弾き、別に申し合わせたわけでもないのに短期間にベートーヴェンの大作が集中するというおもしろい現象があった。

夏の3カ月間に1回のリサイタルをしただけの私は、そのつけがまわってきたのか現在は週2～3回のペースでコンサートが続いてとても忙しい。9月から12月までで41回のコンサートがあり、いったいどれだけの曲数をこの秋のシーズンに弾くのか数えてみたら、全部で78曲あった。この中には55分かかっても1曲の「ディアベリ変奏曲」とか、12曲でもトータルで1曲のドビュッシーの「前奏曲集」「展覧会の絵」「謝肉祭」とかシューベルトのソナタ2曲、ショパンのソナタ1曲等の大曲もあるし、演奏時間は2～3分でも1曲の小品群が含まれる。

いずれにしても現代の演奏家は、身体もタフで神経も太く、いつでもどこでも眠れ、何でも食べられ、激しい日程と勉強の合間にも人生を楽しみ、笑っていられるくらいの強さがないと務まらないと思う。

妻のマリアがシベリウス・アカデミーに教えにいっている日には、私は「ディアベリ変奏曲」を練習しながら台所に走って煮物をしたり、子どもたちに鉄板焼をつくってやったり、かと思うと子どもたちに食事をさせながら手紙を書いたり原稿をまとめたり、そんな日も多い。電話もひっきりなしだし、たいへんな忙しさだけど、それでもこの秋から1990年まではフィンランド政府の年金のおかげで生徒を教える必要もなく、演奏活動だけに専念できるのがありがたい。

最後の生徒たちも独立して、第7章で紹介したラウティオ君は北欧5カ国の若い音楽家のビエンナーレに、フィンランド代表のひとりとして参加したり、チェリストの父君とベルリン、ライプツィッヒ、デュッセルドルフそのほかのドイツの主要都市での演奏旅行をすることになっている。柴山直子さんは北フィンランドのオウル市響とバルトークの3番、青木洋子さんはオーストラリアのオーケストラとバッハの協奏曲を演奏する。

彼らには若いときの華やかさだけでなく、何十年も長続きする音楽家になってもらいたい。何十年も続くためには頭と心だけではだめなので、手職人であることが必要なのだ。音楽も無限に手で触れて大事にしなければいけない。そして何よりも大事なことは、職人の律儀さでコンスタントな勉強を積むことである。8時間弾く体力があれば、1日8時間弾いてもよい。私自身は毎日5時間が理想的である。ただし今のように曲数をたくさんかかえこんでいるときは、8時間の練習を余儀なくされる日も多い。

ヘルシンキのリサイタルがすんで、今は10月29日の東京文化会館でのリサイタルの曲目（シューベルトのソナタ　変ロ長調、ドビュッシーの前奏曲集　第2巻）を中心に勉強をしている。前記の2曲は初めて勉強する曲で、まだ暗譜も全然できてないし、どうなることやら心配である。しかし演奏というのは不思議なもので、楽々と弾けるというような心の準備しかないときはあまりよい結果が出ず、どうしても心配で困難の重荷を背負って坂道を辛苦してよじ登る過程が、濃度の濃い充実した演奏を生むために必要なようである。はたしてどうなりますやら。

今回はシベリウス中期のピアノ曲の最終回として、「13のピアノ小曲集作品76」について書いてみよう。その前に、シベリウスに会われたことのある市河かよ子さんのすてきな文章を紹介させていただきたい。

市河さんは明治の文豪幸田露伴の妹で、当時日本ピアノ教育界で大きな功績のあった幸田延女史の弟子である。もう84歳になられるが、現在でもピアノを弾いておられるのではないか。昨年「竹の交響詩」という詩集も出され、その中には、外交官であられた夫君との北欧での生活の想い出も「芬蘭時代」という章に数多くうたわれている。次に抜き書きさせていただく市河さんの文章は、１９７４年に私のファンクラブの会報である「オルフォイスのうたうとき……」に寄せられたものである。

『もう40年も前のこと、ある美しく晴れた秋の午後に、ヘルシンキの公園に面したアパートの6階にある住居から、眼下の樹々の秋色に誘われて、散歩に出ることになった。玄関を出てエレベーターに乗り込むと、私たちのアパートの部屋に隣接した玄関の扉があいて、ひとりの老紳士が、エレベーターの中へ毬のように転がりこんできた。老紳士は私たちと向かいあって立ち、しきりと珍しそうに、またなつかしげに顔を見ながら、今にも何か物言いたげな様子をされた。それはかねがね写真で見知っているシベリウスそっくりなので、思わず「あなたはシベリウスさんではいらっしゃいませんか」というと、シベリウスはあの特徴のある顔を急に笑いと喜びにくずして、頑丈な手をさしのべて私たちに握手された。そして「そうです、私はシベリウスです。いま娘の嫁っているイルベスの家を久しぶりに訪ねたところです」と言われた。その様子の無邪気さに、私たちの固苦しい気持ちはどこかへ去ってしまった。エレベーターをおりてアパートの出口の鉄の扉を押すと、前にひろがる公園からは、明るい秋色が洪水のように流れこんできた。空気は澄みきって、ひやりとしていた。シベリウスは外套の襟をちょっと寒そうに立てながら「秋がきれいですね」と言われる。公園の入口でシベリウスにお別れしてから二、三歩あるきかけた時、突然うしろの方からシベリウスのお声が聞こえるように思ったので振返ると、私たちから少し離れたところにシベリウスは立ちどまっていて、私たちの方に向かい大声で「日本は、いま夏ですか?」と言った。この突然の質問に私たちはちょっとまごついてしまったが「いえ、やはりもう秋です」と答えると、シベリウスはそれを聞いてさも安心したように大きくうなずき乍ら、「ヨー、ヨー」（そうかの意）と朗らかな声を残し、ほほえみつつ立ち去って行かれた。このだしぬけの質問は、凡人のちょっと真似のできぬもので、いかにも大芸術家らしい素直さがあった。

その後シベリウスにはたびたびお会いする機会に恵まれた。レスピーギがヘルシンキ大学の講堂で「ローマの松」そのほかの自作を指揮したとき、ステージを囲んで雛段式になった座席の講堂で、私たちの向かいの座席から私たちの方へ、さかんに手を振っている老紳士があった。それはシベリウスで、こちらも手をふると、満足そうにうなずかれた。緊張の雰囲気の中の演奏会場で、このしぐさはいかにもシベリウスらしい、何物にも捉われぬ率直と愛嬌があった。

芬蘭独立の元勲マンネルハイム元帥邸で催された晩餐会の折、食後、客間で芬蘭の作曲家カヤーヌスの令嬢が竪琴でカヤーヌスの曲を弾奏した。最初の曲が終わるか終わらないうちに、隣室で聞いておられたシベリウスが、ほとんど走るようにして竪琴奏者の側に近より、いかにも嬉しくてじっとしていられない、といったふうな喜びに輝いた笑顔で、令嬢に握手した。シベリウスの天衣無縫な行動は、いつのときもその場の空気をなごやかに

シベリウスの六女マルガレータさんと（ヴェサーペッカ・タカラ撮影）

し、賑やかにした。

ある夏アイノ夫人の母堂が、別荘の庭に生えている白い小さな花の咲く草をシベリウスに見せて、「この草に咲く花は、夜になると開くのですよ」と言った。するとその夜、真夜中になってよく眠っていた母堂は、別荘の前庭に何物かが忍び入ったような音をきいて、泥棒かと思ってとび起きて見ると、庭の真中に黒い人影がうずくまっているのが見えた。真夜中といっても北欧の空は白光がただよっているので、地上の草木もほんのりみえるほど明るい。母堂はその人影をよく見ると、それはシベリウスであった。シベリウスは、夜になると開くというその白い小さな花をそっと見にこられたのだという。』

市河さんの文章を長く引用させていただいたが、ここに描かれたシベリウスの姿は伝記や作品論にみられる深遠で難しいものではなく、実に無邪気で天衣無縫で明るい。市河さんの文章からはシベリウスの人なつっこい笑い声まで聞こえてくるようではないか。「13のピアノ小曲集作品76」を演奏するときは、市河さんの文に描かれたシベリウスの姿を思いおこしていただきたい。タヴァッシェルナ教授の言を借りると「作品76こそ、シベリウスのもっともすばらしい小品を含んだ曲集」ということになる。

1914年から19年にかけて作曲され、どの曲も2頁から4頁、演奏時間2～3分の小品ばかりである。技術的に難しいものはなく、楽想も単純なものであるが、大人が弾いても子どもが弾いても決してあきのこない純金がきらりと光っているのが、さすがに大作曲家のものである。

第1曲「エスキッス」と第2曲「エチュード」はともに、シューベルトの「即興の時」に出てきそうなピアノ書法で書かれ、民族舞踊のようでもある。「エチュード」〈譜例70〉はフィンランドでは非常にポピュラーで、子どもたちに好まれている。

第3曲「キャリヨン」は高く低く響きこだましあう鐘の響きのようで、たった2頁の小品ながら広い空間性を感じさせる〈譜例71〉。ここにこだましあう歌も美しい。

第4曲の「ユーモレスク」は最初の2曲と似た楽想で、ここでは子どものバレエが連想される。

第5曲の「コンソレーション」では冒頭に単音で奏される下降形のメランコリックな旋律がさざ波の広がるように次第に細かく速くなる音型や対旋律に飾られて美しく広がり、最後は次第にゆっくり静まっていく〈譜例72〉。

第6曲「ロマンツェッタ」はバルカローレのように軽く揺れ動くつかの間のロマンス。

アイノラの秋（1915年）

第7曲「アフェットゥオーソ」はわずか2頁の小品ながら誇りたかく響く朗詠と美しい歌のちりばめられたすばらしい小品である〈譜例73〉。

第8曲「こどもらしい小品」と第9曲「アラベスク」は非常にポピュラーで、日本では全音ピアノ・ピースで両曲とも出版されている。「こどもらしい小品」はシベリウスが子どもたちにクリスマスプレゼントとして書いたすてきなワルツ〈譜例74〉であり、「アラベスク」は別名「オルゴール」ともよばれる曲で、高音域を目ざましい速さでパッセージが駆けぬける〈譜例75〉。

第10曲「エレジアーコ」はいかにもシベリウスらしいメランコリックな歌が美しい〈譜例76〉。第11、12、13の3曲は全音楽譜版、舘野泉編集の「シベリウス　ピアノ　アルバム」に収められている。

第11曲の「北方のりんね草」は謎めいたひっそりした響きの曲で、シベリウスが真夜中に見にいった花はこれかと思わせる。最後の2曲「カプリシェット」と「道化芝居」にはシベリウスのユーモラスな面がみられて楽しい。

1985年9月24日　ヘルシンキにて

第12章　演奏作品に対して忠実であること

10月11日にヘルシンキを発って、日本に帰って来た。1カ月半離れることになるので、出発の前日にはヘルシンキの街のあちこちを散歩して、しばしの別れを惜しんだ。何の脈絡もなく、胸一杯の夢と憧れを持って北欧のこの地に来た若い日のこと、恋をしながら歩いたこの街のさまざまな季節のさまざまな表情などが思いだされた。

もうすっかり晩秋であった。あと1週間もすれば樹々は裸になってしまうことであろう。紅葉黄葉の美しい樹下には、枝の広がる範囲に円を描いて落葉が積もっている。そこには静かな充足した美しさが漂っていた。冬を前にして樹々がめいめい自分の寝床を敷いたようにに思える。あるいいは色とりどりの美しい落葉は、大地への樹々の感謝であろうか。何

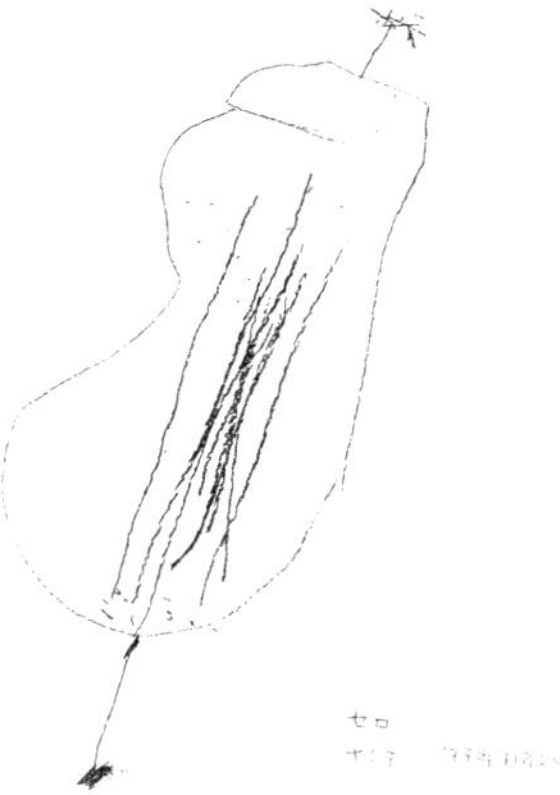

セロ

という優しい光景であろう。

港の市場は毎秋10月恒例の「にしん祭り」で賑わっていた。漁師たちが岸壁に舟を寄せて、さまざまに手を加えたにしんや、自家製の黒パンなどを売っている。味見をすることもできる。野菜の屋台の女たちも魅力だけど、舟の女たちもなかなかいい顔をしている。

出発する少し前に何箇所か、地方の小さな町でリサイタルがあった。これはよい音楽会をしたくても高い出演料を払って演奏家を招くことの難しい地方の町に、文部省から補助が出て可能になったコンサートである。ホールも楽器も決して万全のものではないが、聴衆は何よりもよい生の演奏に飢えている。どこの会場も満員で補助席がひっぱりだされ、ピアノの傍の床には席がなくて座っている小さな子どもたちもたくさんいる。そんな子どもたちのために、演奏時間の長いシューマンの「謝肉祭」などは、曲の内容をできるだけ分りやすく話してから演奏する。こういう所の聴衆の、知ったかぶりも何もない純粋な感動には、胸を熱くするものがある。

大都会の大ホールで耳の肥えた聴衆を相手に華やかなステージを持つこともすばらしいが、地方の聴衆の素直で純粋な反応は、演奏家としての自己を洗い直してくれるように思う。音楽をしていてほんとうによかったなと思う。

よく、地方の町と大都会とでは演奏するときの心構えが違いますか、という質問を受ける。優れた芸術家なら、私はそういうことはないと思う。なぜならば演奏家にとっていちばん大事なことは、町の大きさ小ささではなく、まず演奏する作品に対して誠実であることだからだ。演奏家は演奏する作品を通して自己の確認・拡大、あるいは深化という内的作業も行っているので、作品に対して誠実でないときは音楽を裏切り、自己と聴衆を裏切ることになる。

音楽に対して誠実であるとき、小さな街も大きな街もその演奏家を、心を開いて迎えてくれるのだ。演奏することは人と心のつながりを持つことだから、どこで弾くにしても他人を大事にする気持ちがなくてはいけない。

日本に着いて1日だけおいて、すぐに連日の演奏旅行が始まった。ヘルシンキを出る4日程前に悪性の流感にやられてひどい咳を日本まで持ち込んでしまったので、つらかった。毎回同じ曲目を演奏するのなら問題はないが、5種類のプログラムに協奏曲をかかえこんでいて、まったく初めての大曲もいくつかあるのでたいへんだ。病気でも寝るわけにはいかないし、毎日が移動で新しい土地で新しいホールで新しいピアノだ。練習できる時間もわずかしかない。何日か先に弾く新しい曲目も練習しなければならないが、そんな時間も

演奏会のあとの日本的？くつろぎ（ヘイッキ・リッサネン撮影）

ない。1日1日を祈るように、その日1日を充分に生き抜こうと思う。今日のことがきちんとできなくて、どうして明日のことが充分にやれるだろう。

10月16日、福島から弘前に移動する車中で、ギレリス逝去のニュースを読んだ。彼は9月12日にヘルシンキでベートーヴェンの大曲「ハンマークラヴィア・ソナタ」を弾いたばかりだった。聴きに行った人の話によると、だいぶ弱っているような感じで、演奏も完全のものとは言い難かったようだが、死の直前まで演奏ができたことは演奏家冥利だと、私は思う。私もそうでありたい。

深い森から沈黙の森へ

前回まででシベリウスの中期までのピアノ作品について触れてきた。時期的にはシベリウスが50歳の誕生日を迎える1915年ころまでである。1914年5月にはシベリウスは自作の指揮でアメリカに迎えられ、大成功をおさめた。しかし、同年7月第一次世界大戦がおこり、シベリウスがこれまで成功を収めたイギリスやアメリカへの道、そしてドイツの出版社との連絡も切れてしまう。これまで世界の大都市を歩いてきたシベリウスにとって、フィンランドの生活は窮屈に感じられる。彼には新作の交響曲を書く内的な欲求があり、そのために全力を傾注したいにもかかわらず、生活のためにはピアノ小品を数多く書かかねばならなかった。

経済的に苦しいにもかかわらず彼のぜいたく好みは変わらず、これまでのようにパリやロンドンから一流仕立ての服やシャツを得られない今、彼はヘルシンキの一流の店に頼っていた。くつなども彼のために特別に作られたものだった。アイノラには水道がひかれず水不足であったにもかかわらず、毎日のサウナや水浴に彼はふんだんに水を使った。その一方で彼はかさむ借金、おなかをすかした妻や子どもたちに良心の呵責をも感じていた。賢夫人としてきこえていたアイノ夫人にも苦労が多かったことだろう。

1917年3月にロシア革命がおこり、帝政ロシアは崩壊する。同年12月6日にフィンランドは念願の独立を達成する。世界の情勢や国内の政治にも深い関心を持っていたシベリウスであるが、日記にはその日については何も書かれていない。彼はそのころ新しい交響曲の構想にすっかりつかりきっていたようだ。

しかし翌18年1月の日記には「フィンランドは自由の国だ。不思議だ。52歳の今、これまで何回も祖国の政治的運命について数多くの失望を味わった後ゆえに、にわかには信じ難い」と書いている。

独立を達成するまでは一丸であったフィンランド国民であるが、独立後に赤軍白軍の内戦で国は荒れた。シベリウスの家も赤軍兵士の捜査を受け、安全のためにシベリウス一家もカヤーヌスの世話で避難するなどの困難なときが続いた。食糧も欠乏がちだった。この時期にシベリウスは20キロもやせたという。内戦は結局マンネルハイム元帥のひきいる白軍が、ドイツ軍の支援を得て勝利をおさめたが、その後長く労働者階級との間に亀裂を残すことにもなった。

「第5交響曲」の初版を完成した1915年（最終決定版は19年に完成）以後、「第6交響曲」（1923年）で円熟の創作晩期を迎えるまでの間を、タヴァッシェルナ教授は中間期（移行期）と名付けている。この時期にはオーケストラ作品にめぼしいものがなく、ピアノ・歌・ヴァイオリンの小品が多く作曲された。

1919年から22年にかけてシベリウスは作品94、97、99として、計20曲のピアノ小品を作曲した。どれも演奏時間1～2分のきわめて短いものである。これらは古典的、抽象的な静かなたたずまいを持った作品で、シベリウスのピアノ曲中でももっとも地味で目立たないものかもしれないが、名工の手になる渋い美しさをたたえていて、私は好きである。

作品94の最初の3曲は全音のシベリウス・ピアノアルバムに収められており、特に3曲目の「ソネット」は静かな澄んだ美しさを放っている。第4曲目の「牧童と牧女」―牧女などという日本語はないのだろうが―は謎めいた静かな美しさをたたえていて、非常に魅力のある小品だ。

作品94の6曲、97の6曲、どれをとってもよい小品だが、作品97では第2曲の「Lied」〈譜例77〉がギレリスも愛奏した佳品である。これらの楽譜は一部は前述の全音版に収められているが、もとはフィンランドのWesterl und社で出されたもので、現在はFazer社に吸収されていると思われる。レコードはタヴァッシェルナの演奏で作品75、85、94、97と入ったものがスエーデンのBisから最近発売された(Bis230)。愛らしい小品である作品97の3「小さなワルツ」も譜例としてかかげておこう〈譜例78〉。

「交響曲第6番」(1923年)、「第7番」(1924年)、交響詩「タピオラ」(1926年)でシベリウスは最後の創作期に入る。特に「第7」はシベリウス芸術の究極点、「タピオラ」は彼の白鳥の歌とも見ることができよう。

これらの作品を聴くと、深い果てしない森が姿を現わし、どこまでも、どこまでも続き、ついには沈黙しかない世界に行ってしまうのを感じる。「カレワラ」でフィンランド民族の叙事詩の世界から出発した彼は、晩年に太古のフィンランドの森に帰っていった。「タピオラ」とは「森の神」のことである。そんなことを知らない少年時代に私は「第7」や「タピオラ」を聴くと、いつも深い森に包まれたような感じを覚えたことを不思議に思う。

ピアノ曲の分野では「5つのロマンティックな小品作品101」が1923年に、「5つの性格的小品集作品103」が翌24年に、そして最後のピアノ曲である「5つのスケッチ作品114」が1929年に書かれた。最初の2つの曲集でシベリウスは中期の透明で古典的な書法から、若いときを思わせる音の厚く広いピアノ書法に立ち戻っている。そして中期の作品には少なかった甘美でロマンティックな旋律もよみがえっている。

特に作品101の1「ロマンス　ハ長調」と、101の5「ロマンティックな情景」はシベリウスのピアノ曲中もっとも甘美なものであろう。「ロマンス」〈譜例79〉は、タヴァッシシエルナ教授の指摘するように、チャイコフスキー風の甘美さと激情もみせるが、シベリウス・ファンにはたまらない彼独特の和声も魅力的である。「ロマンティックな情景」は回想を誘うような序奏の後、甘美な青春の想い出を歌いあげ、いとおしむような旋律がたちのぼる。ここには生涯の最後の時点で過ぎし日を振り返って歌うようなせつなさと甘美さ、落ちゆく日の美しさがある〈譜例80〉。

楽譜は両曲とも全音ピアノピースで手に入れることができる。レコードは東芝の「舘野泉　シベリウス　アルバム」に「ロマンティックな情景」が、同じく東芝の「ロマンティック　コンサート愛の歌」（ＴＡ　７２０４０）に「ロマンス」が入っている。

作品１０３の１「村の教会」はわずか３頁の小品ながら鍵盤の全域を使って、力強く重厚な力感を加えたみごとな作品である。円熟期のシベリウス自身のどっしりした姿が思われる〈譜例81〉。この曲と同じ年に書かれた、弦楽合奏とティンパニーのための「And ante festivo——祝祭的アンダンテ」は、「村の教会」と同じ素材から作曲されたもので、祝祭的という誇らかで朗々とした趣がどちらの曲からも充分に感じられる。楽譜は全音ピアノ・ピースで、レコードは東芝のシベリウス　アルバムで得られる。

作品１０３のほかの曲は「ヴァイオリン弾き」「漕ぎ手」「嵐」「悲しい気分」である。「悲しい気分」は低音に完全５度とオクターヴの音だけによる空虚なオスティナートの音型が終始響きつづけ、その上に沈鬱な旋律が歌われる悲痛な曲である〈譜例82〉。

書き忘れたが作品１０１の５曲は「ロマンス」「夕べの歌」「抒情的情景」「ユーモレスク」「ロマンティックな情景」である。

作品101も103も全音ピアノ・ピースで手に入らないものは、デンマークのHansen社から1曲ずつばらで出ているものを取り寄せることができる。話がとびとびになるがタヴァッシェルナ教授は第7交響曲と「村の教会」「漕ぎ手」の主題の関連性や、「嵐」とシベリウス晩年の大作で1926年作曲の劇付随音楽「嵐」の相似性なども指摘しており、ピアノ小品にも同じころに作曲された交響曲大作の影がしのばれるのは興味深い。

1985年10月27日　緑ケ丘にて

第13章　日本鋼琴家大先生中国を行く

11月22日。北京の夜はしんしんと更けてゆき、戸外はかなりの寒さである。しかし、国際ホテル「麗都飯店」の大ロビーと、ロビーに面したレストランは多種多様な国籍を持った人びとでごったがえし、その間を細いスラックスの中国人ウエイトレスたちが身軽にとび回っている。ロビーでは中国人のヴァイオリニストとピアニストが「タイスの瞑想曲」や「愛の悲しみ」「月の光」など懐かしい名曲を演奏していて、足を止めて聴き入っている人も何人かいる。

クワンイエイ・チュエンは、ひとりでその雑踏の中に身を置きながら青島碑酒（チンタオビール）を飲み、隣の卓の何語とも知れぬ会話や、ウエイトレスの早口の中国語、甘美

なヴァイオリンの調べをごっちゃに聴くでもなく聴かぬでもなく、でもそのカコフォニーは今のクワンイエイ・チュエンには確かに快く感じられる。

しかしスラックス姿の中国女性たちの間にスカートですらりときれいな白人女性の足を見かけたりすると、彼は何となくどきどきして目をそらしてしまう。なぜ神様はあのように罪深くも美しきものを創造されたのだろう、と意味もないことをぼそぼそとつぶやいたりする。

勘定を済ませ「謝々、美姑娘、再視」と言うと、今まで真面目な顔をしていたウエイトレスが身体を折りまげるようにして笑い、ぱっと顔を赤らめた。

クワンイエイ・チュエン。漢字で書くと舘野泉、日本鋼琴家大先生である。11月20日に上海、21日に北京で演奏会をした。その前に日本で5週間の間に24回の公演をしてきた。風邪をひいてひどい咳に悩まされながらも札幌・旭川から東京・金沢・広島等全国各地を「風邪とともに去りぬ」と駆けぬけた。

曲数もものすごく多く、かといって旅から旅で練習する時間もなく、前の日のことも次の日のことも考えず、ただひたすら祈るような気持ちでその日1日を生きて演奏し、演奏が終われば何もかも忘れて人びとと話をし、飲み、そして眠った。眠ることほどすばらしい快楽はないと思った。

過激な日程ではあったが、それを精神的なストレスにしないよう心がけ、またそうならずに済むだけの智恵と経験もこの年齢になれば備わってくるから、気持ちの上では終わりまで弾力を失わずつらいこともユーモアで流せたし、肩も手も柔らかさと軽さを最後まで保てた。

ピアノを弾くことは年々楽になっていくし、弾けば肩もほぐれて身体も軽くなる。若いときよりはずっとよく指も動くようになってきた。総合的なテクニックも段々とよくなっていくので、年齢とともに若返っていくような気持ちさえする。以前は何も知らなくて、むだな弾き方でむだな苦労をしたものだと思う。

自分の心と自由に遊ぶひとり旅

5週間の日本滞在中にはずいぶんいろいろなことがあった。すばらしい演奏のできたときも、そうでないときもあった。心ならずも時間不足で自分の準備が充分でないときもあったし、ホールの音響やピアノの状態がよくないこともあった。

恥もずいぶんかいた。恥はかかないで済めばそれにこしたことはないが、自分は手抜きをしたことはないし、作品と聴衆に対しては誠実であれと思うので、その上でかく恥なら、恥も栄養のうちと思うことにした。

「負」のない人生なんてあり得ないのだし、負をプラスに転嫁して大きく育っていくことができなければ、演奏家なんてやめた方がよいだろう。

大阪で11月2日にリサイタルをしたときは、土曜日のファミリー・コンサートとかでマチネーだった。かなりよく入った聴衆の3割ほどは小学校低学年で、会場は開演前も開演後も賑やかだった。

でもそのざわつきは子どもたちのだけでなく、父親たちの様子も何となくそわそわして変だと思っていると、外から「なんとかがホームランを打った、わーっ」と歓声が聞こえてきたりして、何と獅子虎シリーズでの第6戦、これに阪神が勝てば21年ぶりに日本一決定という日だったのだ。

「わいは阪急ファンや、あほらしうてやってられまっか」と言おうと思ったけど、きっとこのざわざわ聴衆の中にはふだん音楽会に来たくてもなかなか外出できないお母さんたちが多いはずだと思いなおして演奏に打ち込んだ。

終演後多くの未知の方々が「久しぶりに良い音楽を聴いて感動しました」と言いに来てくださり、私はほんとうに嬉しかった。聴衆はひとりでもすててはいけない。ひとりの聴衆も聴いてくれないときは、自分はそれでもこの音楽作品のために演奏する、と思うことだ。考え方を切り換えることで、ステージ上の孤独感を切り抜けることはできる。

毎日毎日が新しい土地で新しい人に接し、過密な日程の中で常に人に囲まれているので、自分ひとりの時間がほとんどなく、演奏会の後で音楽を通じて心かよいあった方たちと酒をくみかわし談笑するときも実に楽しいが、演奏会をおえた土地から次の公演地へと移動する汽車の中でぽつんとひとりでいられるときが実に貴重で、大好きである。

特にまとまったことを考えるでもなく、景色を見るでも見ないでもなく、心の海からぽつんぽつんと脈絡もなく浮かんでくる想念を追うでも追わぬでもなく、でもひとりで自分の心と自由に遊んでいられる、そんな時間がとてもいとおしい。

11月11日・12日と札幌、旭川で演奏した。リハーサルのときに、いつになく心が弾んで音楽が楽々と流れでてくるのに気がついた。特に理由はないのに、わが心が不思議だった。

リハーサルをおえて戸外に出たときに分った。この光、この風、この空気、そして人びとや家や木々のたたずまい。それらを言葉にして説明するのは難しいが、透明な孤独とでも言ったらキザになるだろうか。自分でも気がつかぬうちに、私の心の琴線は北の大気に震わされていたのだった。

旭川では市のシンボルであるななかまどの実が赤い房となって、実にみごとだった。フィンランドでも今ごろはななかまどの朱が美しい。1カ月も離れている妻や子どもたちのことがしきりに思われた。

11月10日の私の誕生日に家に電話をしたときは今日は御馳走《ごちそう》を作って子どもたちとお祝いをしているとマリアが言っていた。子どもたちは誕生祝のカードを自分たちで作って送ってくれた。

こんなよい家族があるから、私も安心して長期間の演奏旅行に出ていられるのだと思った。

ヤンネは吉川英治の「宮本武蔵」をもうだいぶ読んだと言っていた。10歳の子どもには少し難しいのではないかと思うが、大判で千頁余もぎっしりとつまったこの本を彼は1日に20頁くらいずつ読んでいる。寝るときには枕元に大小の刀をきちんと揃えて寝る。単におもしろいなどということではなく、彼にとってこの本はきっと大事な意味を持っているのだろう。

不安定、不規則な演奏家の生活

11月23日、北京空港で中華民航の東京行きの便を待ちながら、この原稿を書いている。8時20分の出発に間にあうよう、6時半には起きて、7時にフィンランド大使館がさしむけてくれた車で麗都飯店を出てきたのに、機械の故障で東京行の離陸は11時45分になるということである。

それでもほんとうに飛んでくれればよいが、飛ばなかったらどうしよう。明日24日ヘルシンキ行きのフィンランド航空は、朝10時成田発である。週一便だからそれを逃すと次は12月1日である。11月26・27・28と12月1日にはフィンランド各地でのリサイタルもきまっているから、たいへん困ったことになる。なんとか飛んでくれるとよい。

それにしても4時間近くも遅れることになり、実家には成田からほんのとんぼ返りで立ち寄るだけになってしまった。父と母の傍らに1時間でも2時間でも余分に居てあげたいのに、申しわけないことになってしまって、胸が痛い。

1年前に脳溢血で倒れてから寝たきりの人になってしまった父は、中国への出発の前日、「北京は寒いだろうから暖かくしてらっしゃい。出発が早朝だから、夜は早く寝るようにしなさい。」と言ってくれた。倒れても人のことに細かく気を配ってくれる父の姿に、私は言葉もなくなる。

すぐに寝入ってしまった父を見ながら、母が「気の毒だね」とぽつりと言った。

北京空港はたいへんな旅客数で大混雑である。座る所もないから、立ったままでこの原稿を書いている。朝食を食べて出てくる時間はなかったからお腹はぺこぺこ、喉もからから、かといってもう中国のお金は持っていないので、コーヒーラウンジに行くこともできない。ラーメンの幻影が目の前をちらちらし、気が遠くなりそうだ。

踏んだりけったりというところだが、この程度は演奏旅行につきものである。これしきのことで日本鋼琴家大先生クワンイエイ・チュエン氏がへこたれては、演奏家の風上にも置けないだろう。

日本での5週間、そして上海、北京での5日間、実にたくさんの経験をした。特に中国では、人間が生きていくことについて、多くのことを感じ考えさせられた。3年前のインド演奏旅行に劣らず、自分の人生にとっては大事な旅行だった。

しかしそれらの経験を性急に言葉にしてしまうことは謹みたい。自分の中でどういう形をとっていくか、しばらくほうっておくのがよいだろう。中国については、次回で少し書いてみよう。

俗事になるが「そんなにたくさん演奏会をして、お金が入って仕様がないでしょう」と、人の懐を気遣う親切な方たちがいるので、簡単に断っておきたい。

日本での演奏収入の20%は税金に、15%はエージェントに消え、そして往復の運賃、日本での生活費は自己負担、フィンランドに帰ればさらに日本の収入に課税されるので、結局のところ手元に残るのは40%くらいである。

演奏家なんて、超一流になれば別だろうが、お金のことだけ考えるなら不安定、不規則だし、すすめられる職業ではない。

今、11月24日4時半。後1時間半したら家を出て成田に向かう。北京からの飛行機は結局6時間もおくれ、昨夜家に帰りついたのは10時近かった。父と少し話をし、母とは12時過ぎまで話をし、それから北京からの荷物をほどき、1カ月半の日本での生活を整理して、ヘルシンキに持ち帰る荷物をまとめた。

徹夜になってしまった。父と母は静かに眠っている。台所で中国茶をいれて一服、この静けさに人の生きることのせつなさを思った。何といとおしい「時」だろう。

シベリウスの最後のピアノ曲である「5つのスケッチ作品114」について書いてみよう。

シベリウスの白鳥の歌とでも言うべき交響詩「タピオラ」は1926年に作曲されたが、「5つのスケッチ」は1929年の作である。

1930年以後、死に至るまでの27年間はほとんど作品を遺していない。第8交響曲を書く努力が永年に渡って続けられ、浄書屋の領収書が残っていることから、第8はある程度書かれていたことが分るが、晩年のシベリウスの厳しい自己批判は結局その完成を許さなかった。

アイノ夫人は1940年代の終わりごろアイノラでたくさんの楽譜が焼却されたことを語っているが、その中には若いころの未熟な作品とそれまでに書かれた第8のすべての部分が焼却されたようである。シベリウスは1953年にはまだ第8を作曲中のように語っているが、おそらく彼自身すでに長いこと創作力のおとろえを自覚していながら、その事実を自分に許すことができなかったのであろう。

ピアノ曲「5つのスケッチ」も1929年に完成していながら、出版されたのは1973年になってからで、シベリウスほど高名な作曲家の作品としては異例の運命である。

前章で作品101と作品103を紹介した折に、そこには若いときを思わせる甘美でロマンティックな表情がかえってきたと同時に、「ロマンティックな情景」では生涯の最後の時点で過ぎし日を振り返るようなせつなさと甘美さ、落日の美しさがあることを書いた。「5つのスケッチ」は北国の朝の冷たい光に凍えた風景である。陽はもう昇らないようである。

全5曲の題は「風景」〈譜例83〉、「冬の情景」〈譜例84〉、「森の沼」〈譜例85〉、「森の歌」〈譜例86〉、「春の幻」〈譜例87〉である。

1957年9月18日水曜日、南へ向かって旅する何羽かの大きな鶴の群れがアイノラの頭上を飛んだ。シベリウスは急いで外へ出て、鳥たちが飛ぶのを見てうれしく思った。鳥たちの鳴き声がとてもよく聞こえた。突然1羽が群れから離れ、あたかも礼を尽くすように家のすぐそばでゆっくりとひと回りし、そしてまた旅の連れの所へ戻り、いっしょに大空へと消えていった。その2日後の9月20日、シベリウスは92歳でその生涯を終えた。

フルトヴェングラーと（1950年）

アイノ夫人と

シベリウスの国葬

墓地に葬られるシベリウス

フィンランド国民は国葬の礼で彼の死を悼んだ。同じ日にもうひとりの作曲家カスキが人に知られることもなく、ひっそりと死んだ。

シベリウスの墓はアイノラの庭内にあり、墓碑の片隅にはつつましくアイノ夫人の名が記されている。

1985年11月24日　緑ケ丘にて

● 譜例 1

Thomas Byström, op. 1
Rev. Anja Ignatius
Allegro

● 譜例 2

Adagio
– 69
con espress.

● 譜例 3

Thomas Byström
Rev. Pentti Koskimies
Andante

●譜例 4

Var. 3.
Legato con espressivo perdendosi a tempo
1.

●譜例 5

Var. 4.
1.

●譜例 6

Thomas Byström
REV. PENTTI KOSKIMIES

● 譜例 7

● 譜例 8

● 譜例 9

●譜例10

Pikku valssi.

● 譜例11

Meno mosso.
p tranquillo
p

● 譜例12

p espressivo
cresc.
dim.
rit.
legato
p
dim.
rit.

● 譜例13

● 譜例14

Pastorale.

● 譜例15

● 譜例16

● 譜例17

● 譜例18

● 譜例19

● 譜例20

● 譜例21

Moderato
Mäd - chen kam vom Stell - dich-ein ge - gan - gen, kam mit
From her lov - er's tryst a girl came home - ward, came with
Flic - kan kom i - från sin älsk - lings mö - te, kom med
ro - ten Hän - den. Sprach die Mut - ter: "Wo - von hast du ro - te
crim - son fin - gers. Said her moth - er: "What has made your fin - gers
rö - da hän - der. Mo - dern sa - de: "Hvar - af rod - na di - na
Hän - de, Toch - ter?"
crim - son, dear - ie?"
hän - der, flic - ka?"
dim.
meno f

●譜例22

Andante
Singstimme
Als ich träu - mend ruh - te
Rest-ing near a spring of
Der jag satt i dröm - mar
Klavier
p
pp
nah der Quel - le, hört' ich wie ein Kuß auf mei-nen Lip - pen
clear-est wa - ter, I could hear a kiss that whispered soft - ly
vid en käl - la, hör - de jag en kyss på mi-na läp - par
dim.

●譜例23

Vivace
mf
p
mp

● 譜例24

● 譜例25

● 譜例26

● 譜例27

● 譜例28

● 譜例29

Andantino
p
ben marcato
mp
pp
ben marcato
mp

● 譜例30

Pianoforte.
mf
con Pedale
f
f
f
f

譜例31

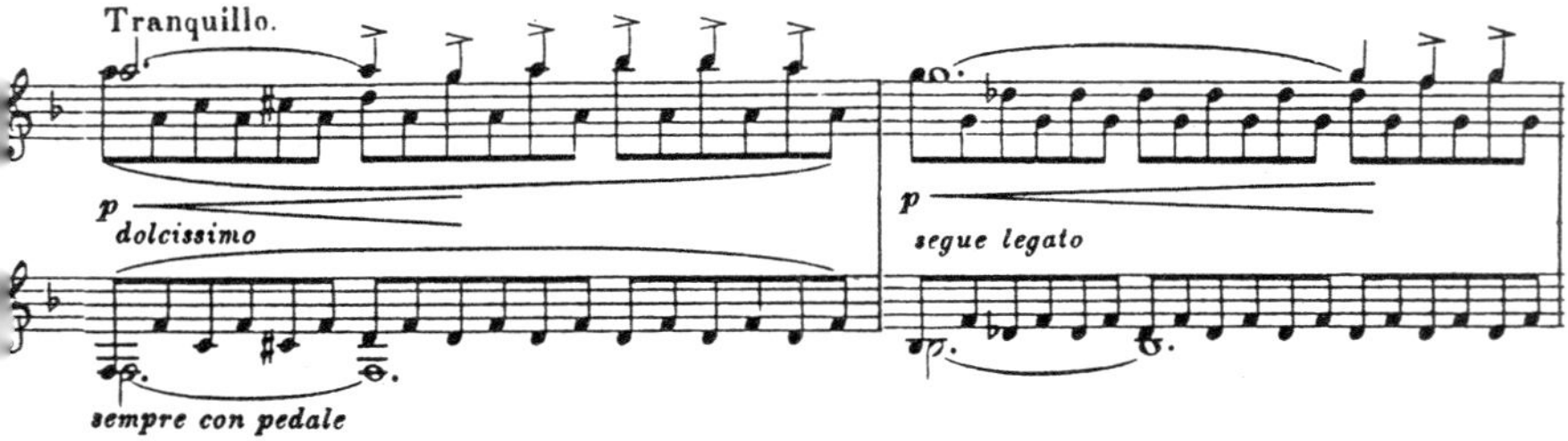

譜例32

Jean Sibelius, Op. 24 Nr. 5.

● 譜例33

Jean Sibelius, op. 41

● 譜例34

● 譜例35

● 譜例36

● 譜例37

● 譜例38

Andante con moto.
p
mf
dim.
Ped.

● 譜例39

Commodo.
SANG.
PIANO.
fz ma p
Ped.
På drif vans snö där
glim mar en di - a - mant så klar. Ej

● 譜例40

Lente.
p
dolce
dim. e rit.

● 譜例41

poco stretto
p
f
poco p cresc.
allargando
dim.

● 譜例42

● 譜例43

● 譜例44

● 譜例45

pp ed una corda
8
8

● 譜例46

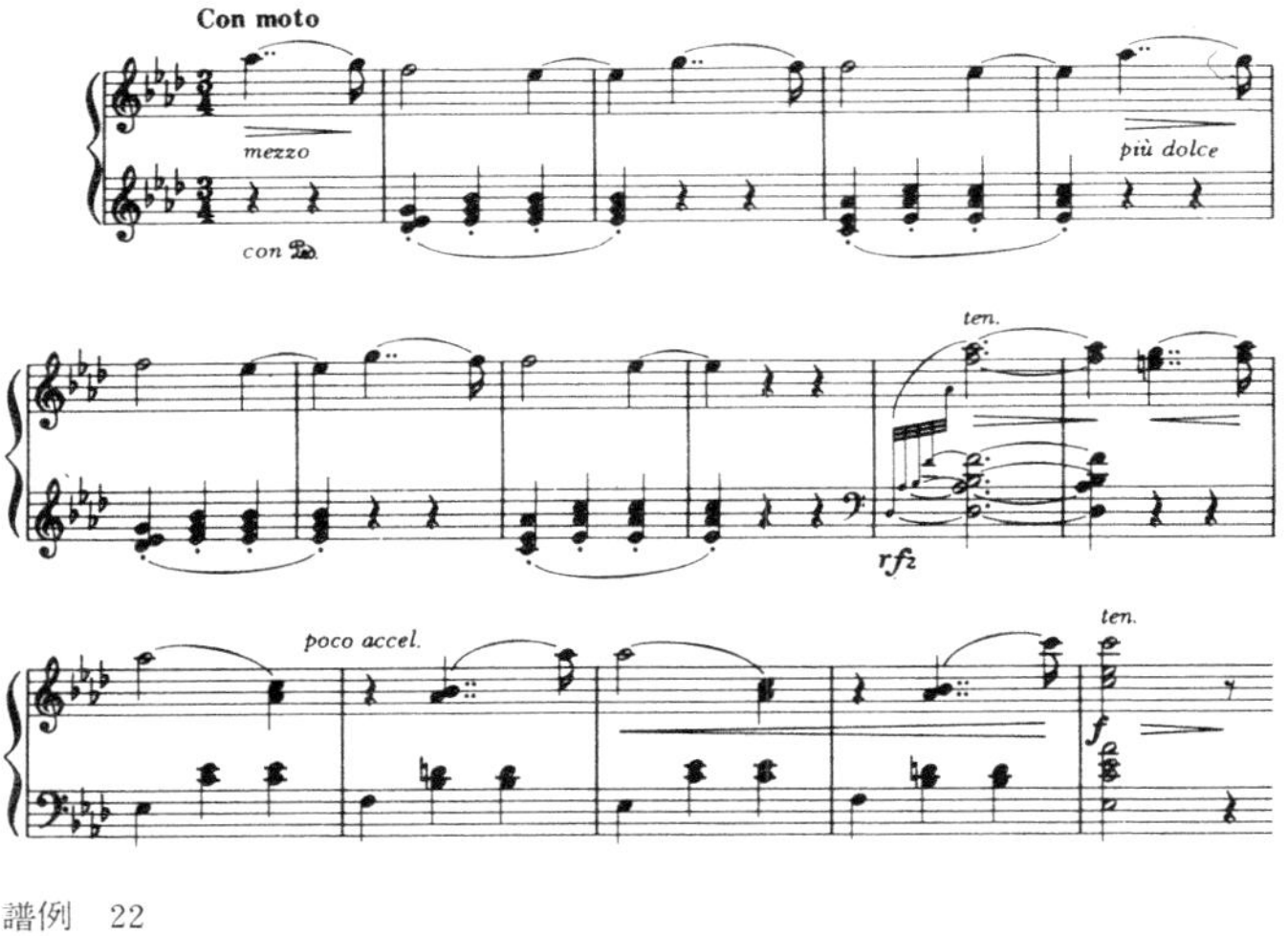

Con moto
mezzo
più dolce
con Ped.
ten.
rfz
poco accel.
ten.
f

● 譜例47

● 譜例48

● 譜例49

● 譜例50

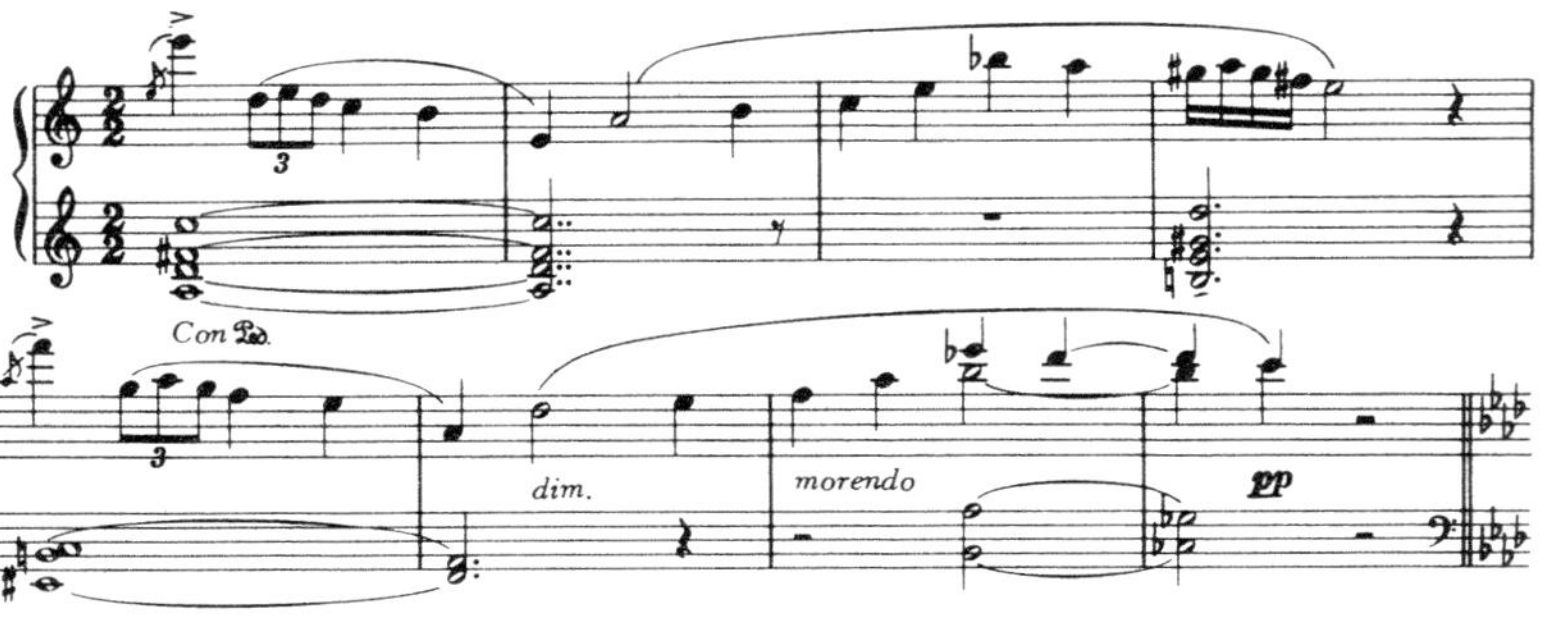

● 譜例52

● 譜例51

● 譜例53

● 譜例54

● 譜例55

● 譜例56

● 譜例57

● 譜例58

● 譜例59

● 譜例60

● 譜例61

● 譜例62

●譜例63

●譜例64

●譜例65

● 譜例66

● 譜例67

● 譜例68

Andantino
p
poco stretto
rall.
a tempo
tranquillo
pp
poco cresc.
a tempo
al
poco dimin.

● 譜例69

Vivace
rfz
dim.
p

● 譜例70

● 譜例71

● 譜例74

● 譜例72

● 譜例73

● 譜例75

● 譜例76

●譜例77

●譜例78

● 譜例79

● 譜例80

●譜例81 Largo

●譜例82

● 譜例83

● 譜例84

● 譜例85

● 譜例86

● 譜例87

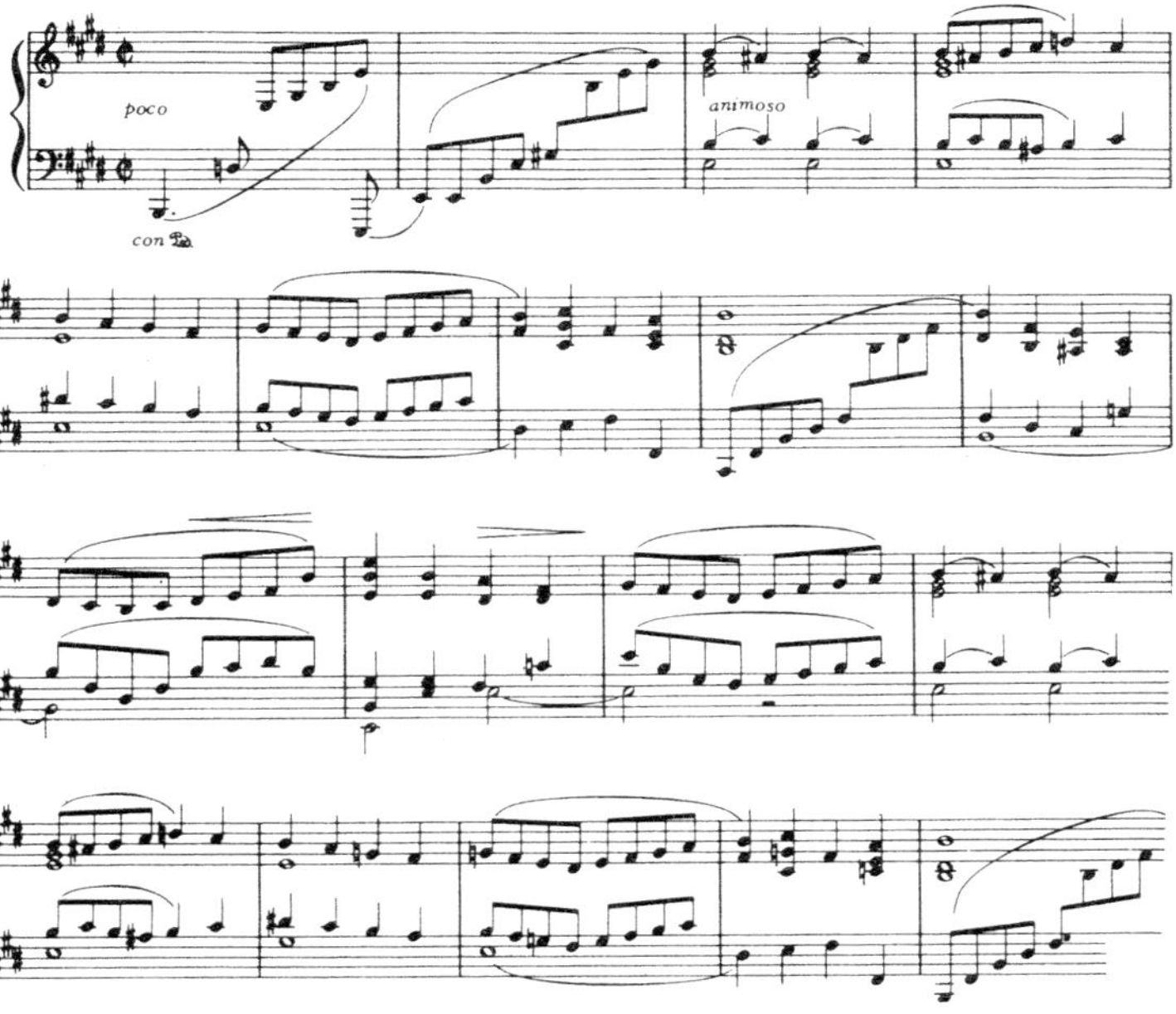

『貨物列車のピアニスト』新装版によせて

この本は１９８６年秋に初版が刊行された『貨物列車のピアニスト』の新装版である。版が切れて久しいが、いまだに再刊を求める声も聞いていたので復刊を喜ばれる方も多いことだろう。１９８５年１月より月刊誌『ショパン』に『フィンランド便り』として連載を書いていたが、その最初の13ヵ月分を１冊にまとめたのがこの本。18世紀からシベリウスを通って現代にいたるまでのフィンランド・ピアノ音楽史について、北欧独特の風土感や生活文化についても触れながら書いてほしいというのが『ショパン』編集部の希望だった。この本ではシベリウスの最晩年のピアノ作品まで触れたところで終わりとなっている。

今年はシベリウス生誕１５０年。全世界でシベリウスの作品が多く演奏されるのはもちろん、フィンランドでは１年間を通してこの偉大な作曲家の作品が演奏されていく。中でも注目を浴びている企画のひとつが日本シベリウス協会会員17人による彼のピアノ曲の全曲演奏であろう。作曲者の生地ハメーンリンナの生家と新しいコンサートホールでの４回、シベリウスが後半生を過ごしたアイノラで彼の楽器を使用しての3回、さらに隣国エストニアでの演奏など数多くのコンサートが企画されている。シベリウスのピアノ曲の全曲演奏という企画自体が本国のフィンランドでさえ行われたことがなく、筆者が１９７８年に東芝ＥＭＩに当時としてはほぼ全曲（４枚組）のＬＰ録音を行った時に、ピアノ小品ばかりを収録するとは交響曲作家大シベリウスの面目を冒涜するものとさえフィンランドの評論家たちに非難されたことを考えると昔日の感をいなめない。しかしそのレコーディング以後、フィンランドをはじめ、さまざまなピアニストたちのシベリウス録音が次々に出現し、音楽学の発展と共に時代は大きく変わったことを感じたものだ。ついでに、私は北欧のスペシャリストでもなんでもなく、その時々に自分が愛した音楽に誠心誠意寄り添って最良のものを生みだそうとする普通の音楽家にすぎない。

この本ではシベリウスが中心となっていることはもちろんであるが、当時私もまだ40代であり、長男ヤンネと長女サトウが幼かった頃のわれわれの生活も描かれている。本の題になった〝貨物列車〟は中部フィンランドにある私の別荘の愛称。確かに煙突のついた機関車が貨物を引っ張ってあえいでいるような不格好さである。カラー写真を多く使わせていただけたことは、北欧独特の光と影、透明な大気と色彩を見ていただける点で望外の喜びであった。子供の頃から北国に憧れて、とうとう北欧に50年も住みついてしまったのだから、私の心の原点がそこにあるのかもしれない。カバー写真は長男のヤンネが誕生した夏に東フィンランドの野原で妻のマリアが撮影したもの。そのヤンネも40歳になり、現在は日本とフィンランドを中心に活動している。長女サトウは39歳でふたりの男子の母親だ。

館野泉

二〇一五年四月

●著者略歴

舘野 泉（たての いずみ）

1936年東京生まれ。1960年東京藝術大学を首席で卒業。64年よりヘルシンキ在住。68年メシアン現代音楽国際コンクール第2位。同年よりフィンランド国立音楽院シベリウス・アカデミーの教授をつとめる。76年フィンランド大統領より獅子第一等騎士勲章を授与され、81年より、フィンランド政府の終身芸術家給与を受けて演奏生活に専念。96年、日本と諸外国との友好親善への貢献に対し、外務大臣表彰受賞。06年「シベリウス・メダル」授与。これまでに、日本と北欧5ヵ国をはじめ、世界各国で3500回以上のコンサートを行い、その温かく、人間味あふれる演奏によって、あらゆる地域の聴衆に深い感動を与えている。

2002年1月、演奏会中に脳溢血で倒れ右半身不随となるが、2年半に及ぶ苦闘の日々を不屈の精神でのりきって、04年5月、「左手のピアニスト」として演奏会で復帰をはたす。06年、左手の作品の充実を図るため、「舘野泉　左手の文庫（募金）」を設立。同年、長年の音楽活動の顕著な功績に対し、旭日小綬章受章および文化庁長官表彰受賞。2010年には演奏生活50周年を迎えた。2012年、第42回『東燃ゼネラル音楽賞』洋楽部門・本賞を受賞。2014年6月ベルリン・フィルハーモニー・カンマザールでのリサイタルは、全聴衆総立ちのスタンディング・オーベーションで讃えられた。

写真提供：舘野泉／H.リッサネン／V.タカラ
参考資料：『シベリウス』／H.ランピラ

「貨物列車」のピアニスト［新装版］

1986年10月31日　初版第1版発行
1988年　3月　1日　改訂第1版発行
2015年　5月25日　新装版第1版発行

著　者——舘野 泉
発行人——井澤彩野
発行所——株式会社ハンナ
　〒153-0061
　東京都目黒区中目黒3-6-4 NNビル2F
　Tel 03-5721-5222

印刷／大日本印刷（株）

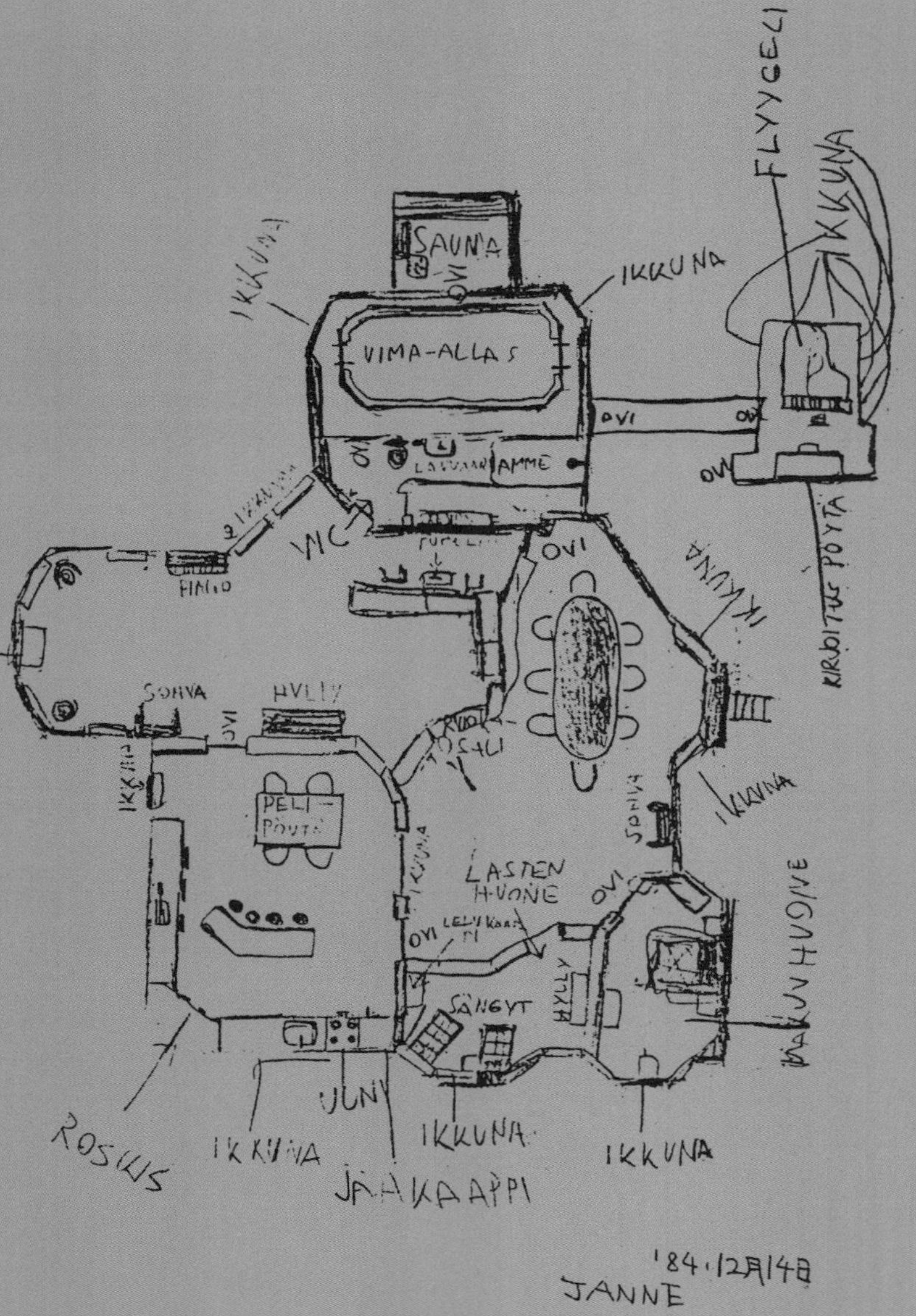
SAUNA
OVI
IKKUNA
IKKUNA
VIMA-ALLAS
FLYYGELI
IKKUNA
OVI
OVI
KIRJOITUS PÖYTÄ
AMME
WC
PÖYTÄ
SOHVA
HYLLY
OVI
IKKUNA
IKKUNA
PELI-PÖYTÄ
IKKUNA
SOHVA
LASTEN HUONE
OVI
OVI
SÄNGYT
HYLLY
ROSKIS
IKKUNA
UUNI
JÄÄKAAPPI
IKKUNA
IKKUNA
'84.12月14日
JANNE